AF493431

SAINTE-BEUVE

ET

ALFRED DE VIGNY

Lettres inédites publiées avec une introduction et des commentaires de

LOUIS GILLET

ÉDITIONS KRA

Rue Rodier, 56 — PARIS

SAINTE-BEUVE
ET
ALFRED DE VIGNY

LETTRES INÉDITES

Eloa. — plus d'une fois dans mon voyage, si je ne vous portais pas toujours en moi, je serais ramené à vous par tant d'accidens heureux d'art et de nature, par le théâtre et les scènes que vous avez conquises en si beaux vers, par la vue de tant de paysages frais et charmans qui semblent prêter leurs ombrages au bain de Suzanne, ou à quelque autre fiction choisie, par ces fines et ravissantes compositions (peintures ou gravures) où se glisse toujours quelque figure longue, élancée, toute en pleurs, céleste comme Symétha ou Eloa.

Quoiqu'il en soit, Monsieur, ce sera pour moi une privation bien grande de n'avoir avec moi que votre souvenir; et j'aspirerai au moment où il me sera permis de vous revoir, vous, Emile, Victor, et de reprendre ma bien humble place à ce Cénacle de Poètes où j'aime tant à m'oublier.

Votre ami dévoué Ste Beuve

Fac-simile d'un extrait de lettre
de Sainte-Beuve à Alfred de Vigny

SAINTE-BEUVE

ET

ALFRED DE VIGNY

Lettres inédites publiées avec une Introduction
et des Commentaires de

Louis GILLET

ÉDITIONS KRA
Rue Rodier, 56, Paris.

IL A ÉTÉ TIRÉ DE CET OUVRAGE

600 exemplaires sur vélin numérotés de 1 à 600
le tout constituant l'édition originale.

EXEMPLAIRE N° 1[illegible]

IN MEMORIAM

T. S. L.

SAINTE-BEUVE
ET
ALFRED DE VIGNY

De tous les romantiques, Alfred de Vigny fut peut-être le plus maltraité par Sainte-Beuve. Son génie, sa personne, le critique n'épargna rien. Il s'acharna sur lui avec une malveillance que la mort du poète ne désarma pas et qui serait inexplicable s'il n'en avait donné le mot : c'est que Vigny et lui étaient d'anciens amis. Il a même tenu à produire ses preuves.

En réponse, dit-il, à un reproche posthume du *Journal d'un poète*, où l'auteur se plaignait que Sainte-Beuve le connût mal, celui-ci imprime des extraits d'une correspondance témoignant au contraire de leur intimité.

On trouvera ici le reste de cette correspondance : les lettres du critique adressées naguère à l'ami qu'il a tant abîmé. Ces lettres, conservées par les héritiers de Vigny, furent retrouvées dans ses tiroirs. Elles étaient classées soigneusement de sa main, avec quelques autres documents et textes qui s'y rapportent : le manuscrit de la *Consolation à Alfred de Vigny*, deux ou trois brouillons de réponses. Sur le dernier billet de la liasse, le poète écrivit une date. Puis il serra le tout dans une double chemise de papier écolier, avec le titre : *Lettres de M. Sainte-Beuve.*

En les exhumant aujourd'hui, je n'ai garde d'y chercher la vengeance du poète. A quoi bon de vaines représailles. L'amitié a ses brouilles, ses méprises, ses douleurs à peine moins émouvantes que celles de l'amour. Enfin elles résultent ici d'une crise profonde qui, dans le même temps, décidait bien diversement des destinées du grand critique et du plus original parmi nos grands poètes : les pages suivantes ne sont qu'une étude de psychologie littéraire.

I

CONNAISSANCE

Le début de l'histoire est partout. Comment, le 8 juillet 1826, parut un article du *Globe*, aigre et anonyme, contre *Cinq-Mars*, le premier des grands livres populaires du romantisme ; comment, le 30 juillet, Hugo, alors au mieux avec Vigny, riposte dans la *Quotidienne* par un panégyrique ; comment six mois plus tard le *Globe*, si sévère pour *Cinq-Mars*, publie une étude flatteuse sur le nouveau recueil des *Odes et Ballades* ; quel échange de visites s'ensuivit aussitôt ; comment Hugo et son critique se trouvèrent voisins sans le savoir et comment se passa leur première entrevue [1], tout cela n'est qu'à rappeler en deux mots. C'était chez le poète : « Madame Hugo, raconte Sainte-Beuve, me demanda à brûle-pourpoint de qui était donc l'article un peu sévère qui avait paru dans le *Globe* sur le *Cinq-Mars* de de Vigny : je confessai qu'il était de moi [2]. » Si Sainte-Beuve espérait le secret, il ne

1. *Revue de Paris*, 15 décembre 1904 : *Lettres de Sainte-Beuve à M. et madame Victor Hugo*, publiées par Gustave Simon. — Cf. encore, *Lettres de Victor Hugo à Alfred de Vigny*, publiées par Ernest Dupyn (*Revue d'histoire littéraire de la France*, avril-juin 1904.) L'article sur *Cinq-Mars* est reproduit dans les *Portraits contemporains* II, p. 537. L'article de la *Quotidienne* dans *Alfred de Vigny* par Léon Séché, p. 124.

2. *Portraits contemporains* I, p. 468.

pouvait plus mal tomber : Hugo, ne manqua pas de le trahir [1]. Du reste, il ne lui fit pas une ombre de reproche : il se mit à parler de ses vers, de ses coupes, de ses rythmes ; ce fut tout. A la seconde visite, il lut des fragments de *Cromwell*. Quinze jours plus tard, il invite Sainte-Beuve à entendre les trois premiers actes. Vigny était de la partie. C'était le 12 février 1827.

On aimerait savoir ce qu'il advint de la rencontre. Vigny ne demanda certainement pas à être présenté. Sainte-Beuve ne devait pas montrer plus d'empressement. Timide, plébéien, entré dans la littérature à travers la clinique, ce cara-

1. C'est ce qui explique ce vers de la pièce du *Cénacle* :

Et toi, *frappé d'abord d'un affront trop insigne...*

bin élégiaque, nouveau venu dans un monde de poètes aristocrates n'y était pas encore parfaitement à l'aise. Voltairien, libéral, il tombait dans un cercle mystique, légitimiste. Il y allait, en somme, d'une première abjuration et il était encore très raide. Poète en secret, mais de muse bourgeoise, s'il était ébloui par la force d'Hugo, s'il lui enviait son métier déjà prodigieux, il n'entendait goutte à la poésie beaucoup plus vierge de l'auteur d'*Eloa*. Il la goûtait peu, la jugeait trop « superfine », trop « séraphique ». Il ne pouvait y avoir, de part et d'autre, que de la froideur.

La glace fut un an à se rompre. Il faut dire que Hugo s'y employa généreusement. Il fit comprendre à son ami les beautés du poète. Sainte-Beuve travaillait alors à son

Joseph Delorme. Dans les *Notes et pensées* qui terminent le volume, et où l'on a ingénieusement reconnu le journal de ses conversations avec Victor Hugo, on trouve plus d'un exemple emprunté à Vigny, plus d'un vers des *Poèmes antiques* placé dans un voisinage flatteur, plus d'un rapprochement qui était une délicate louange. « Le même secret appartient à tous les grands poètes, qui sont aussi de grands peintres. Nous renvoyons les incrédules à André Chénier, à Alfred de Vigny, à Victor Hugo. » Sainte-Beuve s'apprêtait ainsi à réparer le temps perdu et par d'adroites caresses corrigeait la rigueur de sa première critique.

On aurait tort de soupçonner ici de grands calculs. Fanatique de son idole, Sainte-Beuve pouvait-il manquer d'aspirer à faire la conquête du gentilhomme froid et un peu puritain, dont l'amitié formait avec celle de Hugo un vivant idéal de gloire et de poésie ? C'était faire la cour à son dieu, respirer, partager sa vie. Et puis, entrer dans les bonnes grâces de Vigny, n'était-ce pas se donner le brevet de finesse supérieure que recherchaient les jeunes poètes ? C'était comprendre le romantisme dans sa fleur la plus rare, la plus interdite aux profanes. Tout engageait le néophyte à tenter cette épreuve. Il dut y déployer d'autant plus de séduction qu'il avait quelque chose à se faire pardonner.

Vigny ne savait pas se venger. Une fois persuadé que le jeune homme était sincère, tout ombrage cessa, et le poète ne chercha pas à prolonger la pénitence. On ignore les circonstances de la réconciliation : il est permis de supposer qu'elle se fit chez Hugo et que Sainte-Beuve en profita pour exprimer à Vigny les sentiments qu'il confiait aux *Notes* de *Joseph Delorme*. Le lendemain il recevait ce billet enjoué :

« Eh bien! monsieur, puisque vous êtes de ceux qui se rappellent les Poèmes que le public oublie si parfaitement, je veux faire un grand acte d'humilité en vous les offrant [1]. Les voici tels qu'ils sont venus au monde, avec toutes leurs souillures baptismales : leur date de naissance est leur unique mérite et ma seule excuse.

1. Poèmes : *Héléna, le Somnambule, la Dryade, Symétha, la fille de Jephté, la Femme adultère, le Bal, la Prison, le Malheur*, ode : Paris, 1822.

Il me restait encore un de ces livres, je ne pouvais le mieux placer que dans vos mains ; j'aurais voulu y joindre *Eloa*, mais elle n'existe plus, même chez moi.

» Serez-vous assez bon pour dire à mon cher Victor, votre voisin [1], je crois, qu'il invite M. de Sainte-Beuve à l'accompagner, lorsqu'il pourra passer un quart d'heure chez moi à parler de tout et de rien comme nous faisons ? J'irai vous en prier chez vous encore comme je fais ici, en vous assurant de ma haute estime.

« ALFRED DE VIGNY. »

14 mars 1828 [2].

Le 17 mars, Sainte-Beuve répond du

1. Hugo habitait au n° 11, Sainte-Beuve au 19 de la rue Notre-Dame-des-Champs.

2. *Portraits contemporains*, éd. 1890, II, p. 81.

Mans[1] à son nouvel ami par ce mot adressé à « Monsieur le Comte Alfred de Vigny, rue de la Villévêque *(sic)*, 41 ». Vigny en réalité habitait alors 30, rue de Miromesnil. Ce détail prouve que Hugo, de qui Sainte-Beuve tenait certainement l'adresse, ne venait plus souvent « causer de tout et de rien » chez son ami. Voici la réponse de Sainte-Beuve[2].

Que vous êtes bon, monsieur, de vous être souvenu de moi et d'avoir pensé que le présent de vos premiers poèmes me seroit agréable. Je ne les connoissois pas tous ; j'avois lu la *Prison* dans les *Ta-*

1. Le mot se lit clairement avec la date sur le timbre de la poste. Je ne trouve pas ailleurs d'autre trace de ce voyage. On verra plus tard Sainte-Beuve aller en vacances dans le Perche.

2. Lettre inédite.

blettes romantiques, et notre cher Victor m'avoit récité les derniers vers si gracieux et si folâtres de *Symétha*, et le passage de *Jephté* où se trouve cette belle coupe :

... permettez seulement.

Mais ni le *Bal*, si éblouissamment beau, si amèrement triste, ni le *Bain de Suzanne* auquel on ne peut comparer que le *Bain d'une jeune Romaine*, ni cette mystérieuse *Dryade*, et la bacchante Ida aux cheveux noirs, et la blonde et pudique prêtresse, je ne connoissois rien de tout cela, monsieur. Jugez de mon plaisir et de ma reconnoissance. Vous y ajoutez encore par votre obligeante invitation ; il me sera bien doux de faire avec Victor le pèlerinage poétique de la rue de la Villevêque, et de vous dire par moi-même combien vos vers m'ont charmé, combien surtout votre attention m'a touché.

SAINTE-BEUVE.

Est-ce cette profusion d'épithètes appliquées au *Bal*, qui est de toute l'œuvre de Vigny la pièce la plus vieillie, la plus décidément médiocre? Est-ce cette salade de baigneuses et de « pudiques prêtresses », de termes confits et d'images « folâtres » (je sais bien que le mot est dans Vigny ; il n'en vaut pas mieux pour cela). Il y a dans ce peu de lignes une obséquiosité qui gêne. Sainte-Beuve se fait trop petit. Une malice pourtant. Vigny, en parlant de Hugo, avait écrit « mon cher Victor ». Sainte-Beuve répond *Victor* tout court ; puis se ravise et corrige « *notre* cher

Victor. » Vigny n'est plus l'ami unique.

Cette première lettre est encore d'un écolier. Quelques mois plus tard, l'élève passe maître. Sainte-Beuve vient de publier son *Tableau de la poésie française au XVIe siècle* [1] et, par ce service éclatant, de conquérir son grade parmi les chefs du romantisme. Il a inventé des ancêtres à la nouvelle école. Il lui donne le prestige de la tradition. Cet écrit, la plus grave erreur de Sainte-Beuve, avait le mérite de l'à propos et apportait à la poésie le secours d'une science très réelle, quoique réduite au rôle d'argument et de pamphlet de circonstance. Mais c'est ce qui en faisait le prix sur le moment. Vigny reçut l'ouvrage aux champs

1. Le 19 juillet 1828. *Bibliographie de la France*. Cf. Michaud, *Sainte-Beuve avant les Lundis*, p. 603.

et remercia l'auteur par une longue lettre dont il faut extraire au moins ceci :

Bellefontaine, 3 août 1828.

« Je ne résiste pas au besoin que j'ai de vous parler de votre beau livre, et en vérité, comme je ne cesse de causer avec vous tous les jours depuis que je suis à la campagne, je puis aussi bien continuer par écrit cette douce conversation. Oui vraiment, je ne peux quitter votre ouvrage que pour en parler et aller dire à tout le monde : *Avez-vous lu Baruch?* et ensuite je m'enferme avec vous ou bien je vous emporte sous une allée où je marche tout seul, et je frappe sur le livre et je jette des cris de plaisir à me faire passer pour fou...

» Après la douce et forte et grave Etude que l'on suit avec vous dans le premier volume, je ne sais rien de plus attachant que de lire les vers de Ronsard et vos réflexions qui les suivent... Quel service vous rendez aux lettres en relevant et rattachant ces anneaux perdus ou rouillés de la chaîne des poètes! Je ne puis croire que vous résistiez à nous donner un choix semblable de la Pléiade et de sa queue, ainsi entrelacé de prose et de poésie de vous-même [1] ; je le souhaite de toute mon âme... Au reste, ne vous fiez pas trop à mon amour pour nos devanciers ; c'est peut-être une ruse pour avoir encore à lire des pages aussi belles que celles où vous définissez *le vers*

1. Le *Tableau* contenait la célèbre pièce : *A la Rime*, qui fit partie ensuite du *Joseph Delorme*.

comme un poète seul le pouvait faire, et des vues aussi larges que celles de vos conclusions, auxquelles on ne fera qu'un reproche juste s'il tombe sur l'illusion que vous vous faites à mon égard. Vous ne pouvez du moins vous en faire aucune sur mon amitié vive comme mon estime pour vous et votre ouvrage ; je ne puis me consoler de l'avoir fini qu'en le recommençant, ce que je vais faire.

» Votre ami dévoué,

» ALFRED DE VIGNY. »

« Savez-vous bien que j'ai depuis peu une médaille de Victor qui me ravit [1], et que j'ai vu Emile à Morfontaine ? Je suis presque avec vous tous ; bientôt j'y serai mieux encore. »

1. Le médaillon de David d'Angers.

« C'est spirituel, écrit Sainte-Beuve en reproduisant cette lettre à quarante ans d'intervalle [1], et avec la mauvaise humeur qui ne le quittait plus en parlant de Vigny ; c'est spirituel mais interminable... Nous sommes dans la préciosité jusqu'au cou. » Vigny a répondu d'avance : « Une lettre peint la personne à qui on l'écrit aussi bien que celle qui l'écrit ; car malgré nous, nous modifions le style selon son caractère et selon ce qu'elle attend de nous [2]. » Le Sainte-Beuve de cette époque, celui du *Tableau* et de *Port-Royal*, n'est-il pas plus d'une fois, à force de nuances et de métaphores, un modèle de style tortillé et tarabiscoté.

D'ailleurs, il reçut alors ces louanges de

1. En 1868. — *Portraits contemporains*, II, p. 82.
2. *Journal d'un poète*, p. 151.

meilleure grâce et y répondit en ces termes d'une flatterie aimable et sans arrière-pensée :

Ce 14 août 1828.

Monsieur et cher ami,

Votre lettre m'a rendu bien heureux et m'auroit rendu fier, si je n'avois su toute l'illusion de votre amitié ; mais par cela même, je me suis senti plus heureux. Vous nous promettez pour bientôt votre retour ; par malheur je n'en jouirai pas avant deux mois. Après-demain, je serai en route pour l'Angleterre où je vais passer deux mois environ, loin de vous, mais tout plein de vos souvenirs. Votre talent, comme votre existence [1], s'est intimement mêlé

1. Vigny avait épousé à Pau, le 3 février 1825, miss Lydia Bunbury. Cf. Paul Lafond, *Alfred de Vigny en Béarn*.

à quelque chose de ce beau pays. Juliette et Othello, Roméo et Desdémone sont à jamais liés à votre nom ; vous êtes Shakespearien de ce côté comme vous êtes Espagnol par Dolorida, comme vous êtes Grec par la Dryade et Symétha, comme vous êtes biblique par Moïse, comme vous êtes vous-même, vous seul, poète et romancier françois du XIXe siècle par Cinq-Mars et Elloa *(sic)*. Plus d'une fois dans mon voyage, si je ne vous portois pas toujours en moi, je serais ramené à vous par tant d'accidens heureux d'art et de nature, par le théâtre et les scènes que vous avez conquises en si beaux vers, par la vue de tant de paysages frais et charmans qui semblent prêter leur ombrage au bain de Suzanne ou à quelque autre fiction choisie, par ces fines et ravissantes compositions (peintures ou gravures) où se glisse toujours quelque figure longue, élancée, tout en pleurs, céleste comme Smithson [1] ou Elloa.

Quoi qu'il en soit, monsieur, ce sera pour moi une privation bien grande de n'avoir avec moi que votre souvenir, et j'aspirerai au moment où il me sera permis de vous revoir, vous, Emile, Victor, et de reprendre ma bien humble place à ce Cénacle de Poètes où j'aime tant à m'oublier.

Votre ami dévoué,

SAINTE-BEUVE.

Veuillez présenter mes bien humbles respects à madame Vigny [2].

1. La célèbre comédienne qui fut la première femme de Berlioz. Elle était venue jouer à Paris dans l'été de 1828. Elle tenait précisément le rôle de Juliette.

2. Lettre inédite.

Cette lettre, où le talent de Vigny est si bien défini dans la variété de ses divers aspects, dans les dédales d'un génie qui successivement habite tous les siècles et tous les mondes, prouve que dans les cinq mois écoulés depuis leur première connaissance, bien des liens se sont resserrés entre les deux nouveaux amis. Le tour devient plus libre, plus cordial. Sainte-Beuve a été présenté à la femme du poète. Il est dans le secret de ses plans dramatiques. Il se désole de tomber à Londres en pleine morte-saison : tous les théâtres sont fermés. « *Drury-Lane* et *Covent-Garden* ne donnent pas. Il n'y a que le théâtre d'été de *Hay-Market*[1]. » C'est à Hugo qu'il écrit cela,

1. A Victor Hugo, août 1828. *Revue de Paris*, 15 déc. 1904, p. 745.

et il en a plus d'une raison ; mais il ne sépare pas de lui la troupe romantique : quand retrouverai-je, s'écrie-t-il, « mon loisir, et votre vivifiant soleil, à vous, à de Vigny, à Boulanger, à Emile Deschamps, Paul [1] ? »

Il revient. Le voilà l'intime, l'indispensable de tout le groupe. Plus de lettres, on se voit sans cesse. Sainte-Beuve est celui qui sait tout, est au courant de tout, tient bureau de nouvelles. « On imprime à force pour cet hiver, écrit-il à Loudierre... De Vigny a fait un roman qui, je crois, est vendu et par conséquent paraîtra bientôt, mais il ne dit pas ce que c'est [2]. »

1. Au même, Oxford, 26 août 1828, *ib.*, p. 747. Ce *Paul* qui vient là en l'air au bout de la phrase, est Paul Foucher, le frère de madame Hugo.

2. 6 décembre 1828. *Correspondance*, I, 11, lettre IV. Il s'agit sans doute de l'*Almeh*, dont quatre chapitres

L'ancien critique du *Globe* devient l'âme du romantisme. Son directeur, M. Dubois, se plaint de son éloignement : c'est le prélude de la brouille qui se terminera par le duel de 1830 [1], le fameux duel sous le parapluie : « Tué, soit ! disait drôlement le critique, mais je ne veux pas être mouillé. » Cet intervalle est le temps de la grande passion et de la foi ardente, temps heureux, jours charmants d'amitié poétique, de rêves en commun, de confiance au sein d'une jeunesse si tôt aigrie, si vite divisée par les rivalités, mais unie

ont paru en 1831 dans la *Revue des Deux Mondes*. C'était un roman sur la campagne d'Égypte, où devait figurer Bonaparte. Voir à ce sujet une Épître de Gaspard de Pons à Vigny, citée par Eugène Asse, *Alfred de Vigny et les éditions originales de ses œuvres*.

1. Lettre de Dubois, 5 février 1829. Cf. Michaud, *Sainte-Beuve avant les Lundis*, p. 605, note.

alors sous ce nom que Sainte-Beuve vient d'écrire à Vigny, qu'il va tout à l'heure chanter en vers, et qu'elle a gardé dans l'histoire : le Cénacle.

II

INTIMITÉ

Comme c'est aussi le temps de la plus active correspondance entre les deux amis, nous nous bornerons à la reproduire, en l'interrompant le moins possible par nos éclaircissements. Nous reviendrons plus loin sur quelques signes légers qui apparaissent dès lors et annoncent l'orage qui ne doit pas tarder à éclater.

Le premier texte, à cette date, est un billet de Sainte-Beuve. Il y est question de l'édition complète des Œuvres de Vigny qui se publiait en pendant aux Œuvres de Victor Hugo, et commençait par une réimpression de *Cinq-Mars*, précédée des *Réflexions sur la vérité dans l'art.* Qu'on juge du chemin parcouru en trois ans, depuis l'article de 1826.

Ce 18 mars [1829 [1]].

Que je vous remercie, mon cher et excellent ami, du beau cadeau que vous me faites, et combien je suis désolé de n'avoir pas été chez moi pour le recevoir de vos mains ! Mais j'étois allé entendre Gubin, et le philosophe m'a privé du poète. J'avois déjà relu chez Victor cette belle préface dont j'ai été si heureux et si

1. Lettre inédite.

fier d'être le premier confident. Je connoissois aussi votre note de la fin ; elle est à ravir : ces cloches d'une ville submergée, ces îles de la mer du Sud qui sortent des flots, ce sont là des annotations de poète ; il vous est impossible de ne pas l'être, même en *post-scriptum* [1]. Je vais relire maintenant *Cinq-Mars* et vous devoir une journée de bonheur. J'espère vous porter bientôt à mon tour mon humble, mais sincère offrande, mon pieux grain de sel, mon *Joseph Delorme* enfin, puisqu'il faut le nommer par son nom. Vous serez bien indulgent pour lui, n'est-ce pas? il aimoit tant votre personne, il admiroit si profondément vos œuvres!

1. Cette note a disparu des éditions postérieures.

Au plaisir de vous revoir prochainement.

Votre tout dévoué,

SAINTE-BEUVE.

« Cher et excellent ami »! « Une journée de bonheur » en relisant *Cinq-Mars!* Est-il possible d'aller plus loin dans l'amende honorable? Il ne reste plus au-delà que l'oraison jaculatoire :

Chantre des saints amours, divin et chaste [cygne...
Oh! ne dérobe plus ton cou blanc sous ton aile,
Reprends ton vol et plane à la voûte éternelle
Sans qu'on t'ait vu monter!

Ces vers sont justement écrits ou récités pour la première fois dans les jours mêmes qui suivent. Vigny en exprime à l'auteur toute sa joie, en le conviant à la lecture d'un drame traduit de Shakespeare ; il y avait alors beaucoup de ces lectures, de ces avant-premières en petit comité ; c'était la forme innocente de la publicité.

28 mars 1829.

« Je suis très décidé à vous faire subir une certaine quantité de vers anglo-français, si vous voulez venir lundi soir, à huit heures précises, chez votre ami bien sincère. Je vous répéterai le ravissement où m'a mis la vue de mon *Eloa* passée comme en proverbe dans vos vers plus beaux qu'elle... Quand verrons-nous votre beau petit mort [*Joseph Delorme*] ? Il est bien heureux, celui-là : nous allons être sa postérité tout de suite, et il aura son immortalité sur-le-champ, etc.

» Votre ami,

» ALFRED DE VIGNY[1] ».

Mais *Joseph Delorme* paraît : effusions, épanchements.

3 avril 1829.

« Il m'empêche d'écrire, il m'empêche de sortir et de penser à autre chose qu'à ses vers : il faut bien que je vous parle de lui. Que d'impressions douloureuses,

1. *Portraits contemporains*, II, 84. D'après Sainte-Beuve, il s'agirait ici de *Roméo et Juliette*. Mais la pièce était lue au Théâtre-Français en avril 1827, et Sainte-Beuve la connaissait en 1828 : voir sa lettre du 14 août. Il en cite trois vers dans les *Notes* de *Joseph Delorme*. Il semble que Vigny parle ici soit de *Shylock*, écrit en 1828, soit de quelques fragments d'*Othello*.

sombres et tendres! Quel plaisir et quel chagrin que de le lire! Pauvre jeune homme! souffrir et ne pas croire et être poète! Triple douleur et triple doute! Le *Suicide !* Les *Rayons jaunes !* que c'est beau! etc., etc.[1]. »

(Hugo, pour le dire en passant, renchérissait encore : il égale Sainte-Beuve à Lamartine[2]. Ces poètes n'y allaient pas de main morte.)

Le mois suivant, première édition des *Poèmes*. Sainte-Beuve se multiplie, sollicite Magnin, Lacroix, fait qu'il soit bruit partout du livre.

« Vous êtes le plus aimable des hommes, — lui écrit le poète. — Quoi! vous

1. *Portraits contemporains*, II, 84.
2. Victor Hugo, *Correspondance*, I, 21 sept. 1832.

avez pensé à cette misère! Vous en avez même parlé! Un autre s'en est occupé aussi, il en pense quelque chose, il en écrira! Tout cela est en vérité de bon augure pour ces pauvres Poèmes ressuscités d'entre les morts... Adieu, mon ami, si vous n'embrassez pas mon Victor sur les deux joues, j'irai vous chercher querelle.

» ALFRED DE VIGNY. »

7 mai 1829[1].

Cependant les grands jours du romantisme approchent. On est à la veille des batailles. Le 10 juillet, chez Hugo, lecture de *Marion Delorme*. Huit jours après, lecture d'*Othello* chez Vigny.

1. *Portraits contemporains*, II, 85.

14 juillet 1829.

« Mercredi, 17, à sept heures et demie précises du soir, le More de Venise vivra et mourra par-devant vous, mon ami ; si vous voulez faire asseoir l'ombre de Joseph Delorme au banquet funèbre, sa place est réservée comme celle de Banquo...

» Tout à vous,

» ALFRED DE VIGNY [1]. »

La « première » est fixée aux derniers jours d'octobre. Sainte-Beuve est alors en voyage avec Robelin. Ecrit-il à Vigny ? Les lettres manquent. En tout cas il ne cesse de se préoccuper de son succès.

16 octobre, Besançon. — A Madame Victor Hugo. — « A quoi en est *Othello* ?

1. *Portraits contemporains*, *II*, 86.

Est-ce joué?... Qu'il nous tarde d'avoir des nouvelles de tout cela [1]! »

27 octobre, Worms. — A Victor Hugo. — « Où en êtes-vous là-bas? Je n'ai pas lu un journal depuis Paris; mais j'ai entrevu un article dans la *Revue de Paris*... Nous avons entrevu aussi une manigance de Janin, Soulié et le susdit Latouche [*sic*]; les misérables! n'y pensez pas, et passez-leur sur le ventre en char. *Othello? Hernani?* et son puîné?... »

2 novembre, Cologne. — Au même. — « Que faites-vous? J'ai vu qu'*Othello* a eu du succès, moyennant quelques sacrifices à la deuxième représentation; tant mieux pour le public et pour l'art [2]... »

1. *Revue de Paris*, 15 décembre 1904, p. 755.
2. *Ibid.*, pp. 759, 760. — *Othello* fut joué le 24 octobre.

Enfin, de retour à Paris, il adresse à Vigny ce chaleureux billet :

Paris, ce 10 novembre 1829.

Mon cher ami, j'arrive de Cologne où un *Journal des Débats* m'a apris [*sic*] à travers les phrases insignifiantes de Duvicquet le succès de notre cher *Othello*. J'ai bien regretté la mauvaise pensée vagabonde qui m'a fait ainsi quitter Paris dans un moment où nos plus grands intérêts littéraires étoient en question. Une lettre de *Victor*[1] à Reims et une conversation que je viens d'avoir avec lui m'apprennent les détails de votre triomphe mémorable ; il a été contesté, comme tous les vrais triomphes ; vous avez vaincu en mettant

1. C'est Sainte-Beuve qui souligne, le fait n'est pas indifférent.

le pied sur la gorge de cet imbécille de public qu'ameutoient quelques misérables ; c'est bien, et les choses se sont passées comme elles devoient ; c'est la loi dramatique depuis et avant le *Cid*. Honneur à vous d'en renouveler le premier l'exemple à cette époque de renaissance ! Grâce à Shakspeare et à vous, voilà une large brèche ouverte, où désormais vous et Victor allez entrer et planter chacun votre drapeau ; le vôtre y est déjà : je le salue d'en bas avec orgueil et bonheur, comme Othello les siens. Qu'il me tarde d'applaudir *Othello !* Qu'il me tarde de vous serrer la main : ce sera le plutôt [*sic*] que je pourrai. Poursuivez, noble ami, votre gloire dramatique et joignez-la aux autres que vous avez si bien conquises. Vous savez combien j'y prends part ;

aimons-nous toujours : c'est mon seul titre auprès de vous que cette amitié que je vous porte ; mais elle est si sincère et si mêlée d'admiration qu'elle doit suffire à votre indulgence. Adieu et au plus tôt possible.

SAINTE-BEUVE.

Mes humbles respects, s'il vous plaît, à madame de Vigny [1].

Et, le 17 novembre, Sainte-Beuve compose la *Consolation à Alfred de Vigny* :

Autour de vous, ami, s'amoncelle l'orage ;
La jalousie éteinte a rallumé sa rage,
Et, vous voyant tenter la scène et l'envahir,
Ils se sont à l'envi remis à vous haïr.

1. Lettre inédite.

Honneur à vous! De peur qu'un éclatant spec-
[tacle
De l'art régénéré n'achève le miracle
Et ne montre en son plein l'astre puissant et
[doux,
On veut s'interposer entre la foule et vous...
On sème donc, ami, des pièges sous vos pas...

Ce ne sont point des vers ailés. Boileau est plus lyrique dans l'*Epître* à Racine. Mais il n'est pas meilleur ami, ni surtout plus dévot en ses exhortations, et la fin de la pièce n'est pas sans une certaine douceur de cantique pauvrement écrit, mais touchant, presque suave en sa médiocre psalmodie :

Et puis, un jour, — bientôt — tous ces maux
[finiront.
Vous rentrerez au ciel, une couronne au front,
Et vous me trouverez, moi, sur votre passage,
Sur le seuil, à genoux, pèlerin sans mes. age ;

Car c'est assez pour moi de mon âme à porter,
Et, faible, j'ai besoin de ne pas m'écarter.
Vous me trouverez donc, en larmes, en prière,
Adorant au dehors l'éclat du sanctuaire,
Et, pour tâcher de voir, épiant le moment
Où chaque hôte divin remonte au firmament.
Et si, vers ce temps-là, mon heure est révolue,
Si le signe certain marque ma face élue,
Devant moi roulera la porte aux gonds dorés,
Vous me prendrez la main, et vous m'introduirez.

Voici la réponse de Vigny :

19 novembre 1829.

« O mon ami, quels vers adorables ! Quels vers de poète ! Vous me consolez de cet amer succès. Mes amis sont ma gloire et ma couronne ; je n'ai ni l'une ni l'autre par moi-même. Cette nuit, j'ai écrit quelques vers bien noirs, que je me garderai de vous montrer, et qu'une inquiétude sérieuse et une *embûche sans nom* ont interrompus à la fois. Je n'ai plus de calme, hélas! je n'ai plus ma chère solitude ; je crois que je ne suis plus poète ; je crois que mon âme va se retirer de moi et remonter. Tant mieux! puisque toutes les communications avec l'humanité sont troublées, puisque la parole ne peut passer que par des égouts, quand il lui faudrait un porte-voix de cristal!

» Que je serai fier de voir paraître au grand jour ces vers à *Alfred de Vigny!* Je les contemplerai comme adressés à un mort qui fut de ma connaissance. Embrassez-moi, si vous pouvez, car il me semble que je ne suis plus que l'ombre de moi-même. Cependant, j'ai encore un cœur pour vous aimer et battre en mesure à la cadence harmonieuse de vos beaux vers.

» ALFRED DE VIGNY[1] ».

Il est clair que Sainte-Beuve se souvenait de la cabale de *Phèdre* en « consolant » Vigny des intrigues menées contre *Othello*, et qu'il a voulu donner un pendant à l'*Epître* de Despréaux. Ce cours de pensées le conduisit à écrire un portrait de Racine : *Esther* et *Eloa*. L'article à peine paru[2], Vigny se hâte d'en féliciter Sainte-Beuve.

1. Alfred de Vigny, *Correspondance*, recueillie et publiée par Emma Sakellaridès, 1906, p. 34. L'original porte cette annotation de Sainte-Beuve : « De de Vigny, après la pièce de vers que je lui avais adressée. »

2. *Revue de Paris*, décembre 1829, janvier 1830, avec la pièce : *Les Larmes de Racine*. On remarquera que, le 27 octobre, il jurait de n'écrire de sa vie à la *Revue*.

29 décembre 1829.

« ... Vous avez vraiment créé une critique haute qui vous appartient en propre, et votre manière de passer de l'homme à l'œuvre et de chercher dans ses entrailles le germe de ses productions est une source intarissable d'aperçus nouveaux et de vues profondes... » Vigny devait se montrer moins satisfait de ce procédé appliqué à lui-même : d'où les ressentiments et les rancunes de Sainte-Beuve. Mais poursuivons : « La vie de Racine est racontée avec une originalité et une finesse qui me font un plaisir infini... Vos dernières pages sont pleines d'une onction et d'une sensibilité qui m'enchantent. Cet article

Mais « c'est très bien payé, 200 francs la feuille, écrit-il à Loudierre ; c'est même, entre nous, ce qui m'a décidé. »

est composé comme une vie de ce temps-là même, finissant par une retraite pieuse après une gloire pleine de gravité. » La gloire de Racine a-t-elle été si grave, au temps de la du Parc et de la Champmeslé ? L'image, en tout cas, était faite pour charmer Vigny : il pouvait y retrouver quelques-uns de ses traits. De là au souvenir des vers que venait de lui dédier Sainte-Beuve, il n'y avait qu'un pas : « Je vous ferai porter, quand vous les voudrez, vos beaux vers qui sont miens, et j'ai le projet de vous adresser la douzième de mes *Elévations*, qui pourront un jour former un recueil. En voulez-vous ? — Ce ne sera pas un échange, car je vous devrais trop de retour. » Ici quelques mots sur la grande affaire romantique d'alors, *Hernani*, et sur les « baladins » de l'Académie et des théâtres, qui « font des parades sur nous ». — « En vérité, je ne puis réussir à m'en fâcher, c'est par trop bas. Adieu, mon bon ami, plût à Dieu que je pusse vous voir aussi souvent qu'on le croit!

» ALFRED DE VIGNY[1]. »

Sainte-Beuve répond tout de suite, du même ton affectueux. On remarque dans sa lettre une plainte qui s'exprime plus d'une fois dans cette correspondance. Sainte-Beuve est le type du grand homme malgré lui : il était né critique et se croyait poète. Il passa vingt ans à lutter contre sa vocation. Quant à l'*Elévation* dont il est question ici, a-t-elle été jamais écrite? Plus d'une esquisse

1. *Portraits contemporains*, II, p. 86.

conservée dans le *Journal d'un Poète* porte ce nom significatif. Mais il n'a paru sous ce titre que deux pièces isolées, assez longtemps après la lettre qui en annonçait le recueil [1]. Voici ce qu'écrit Sainte-Beuve :

Ce 1er janvier 1830.

Votre lettre est bien bonne, mon cher ami, et beaucoup trop, quant à ce que vous me dites de mon *Racine*. Vous faites tous les jours des articles comme celui-là, sans y penser, en causant, en racontant vos lectures et vos impressions ; seulement, moi, j'écris et j'enregistre, au lieu

1. Ces deux pièces sont *Paris*, chez Gosselin, 16 avril 1831, in-8°, et les *Amants de Montmorency*, *Revue des Deux Mondes*, 1er janvier 1832. — *Paris* porte le titre de *XIe Élévation*. Que sont devenues les dix premières ?

de répandre et de jeter mes paroles. C'est une triste condition, selon moi, et contraire à ce tact exquis, à ce *velouté* de poésie que tout travail un peu matériel et pesant déflore ; après un article *critique*, il faut bien quinze jours au moins à l'esprit pour se revêtir de son duvet de lys et de sa rosée du matin : c'est presque comme une répétition au Français. — Vous voilà donc revenu au monde idéal et aux *Elévations* : je vous en félicite ; votre âme s'y retrempera, s'y rafraîchira avec bonheur pour redescendre ensuite, encore une fois, dans ce monde de boue et de poussière ; car c'est la loi, et le parfait Eden n'appartient plus à cette vie. Vous me demandez *si je veux* de la 12e de vos *Elévations !*... Je la considère comme *mienne* et il me tarde de l'aller entendre. — Où en est l'impression d'*Othello?* Je l'attendois depuis longtemps ; pourquoi cela tarde-t-il encore? On m'a parlé d'une préface dont je suis avide [1]. Les attaques auxquelles vous êtes en butte ne doivent pas vous atteindre ; vous dites vrai, cela est trop bas. On est tout consolé, quand on a le bonheur de vivre dans l'art et dans l'amitié.

Adieu, mon cher ami, et à bientôt.

Votre dévoué de cœur,

SAINTE-BEUVE.

Veuillez présenter mes respectueux hommages à madame de Vigny [2].

La lettre suivante de Vigny, à propos

1. *Lettre à lord B*** (Revue des Deux Mondes.)*
2. Lettre inédite.

des *Consolations*, renouvelle les éloges et les épanchements :

24 mars 1830.

« Merci cent fois, cher ami ! Consolateur, puissiez-vous être consolé ! Je vous écris les larmes aux yeux, etc... »

Mais il faut donner une partie du *post-scriptum*, parce qu'il exprime d'une manière vive et touchante la tendresse de Vigny. Sainte-Beuve, homme de peu de foi, et prompt à deviner les indices de discorde, à s'en inquiéter d'avance, avait pressenti dans l'école romantique des germes de division, des principes de refroidissement ou de rivalité, et dans la Préface des *Consolations*, trahissait, sous un voile, ses craintes et (déjà!) ses regrets. Vigny écrit :

« Je rentre ce soir... Je viens de lire votre préface : elle m'a profondément affligé pour vous. Quand j'ai le malheur d'analyser ainsi les cœurs de ceux qui m'entourent, je me sens prêt à mourir de désespoir ; l'effroi me prend comme si j'étais seul au monde, comme le dernier homme ; et c'est donc là ce que vous souffrez et ce que nous vous faisons souffrir ? Nous qui vous aimons tant !... Je veux que vous ayez des remords comme j'en ai lorsque me prend cette mauvaise pensée. Oui, lorsque j'ai eu le malheur de faire cette analyse funeste, je m'en confesse à moi-même comme d'un péché, d'un crime véritable, et je ne m'absous pas, et il faut que je retrouve un de mes amis avant la fin du jour pour réparer ma faute en lui faisant quelque amitié. Quel est leur crime ? D'être des hommes ! Et que suis-je donc ? Je suis distrait, mais j'aime ; la pensée est mobile et le cœur ne l'est pas. Eh bien ! voilà que je vous gronde, cher Sainte-Beuve, etc.[1]... »

Autre billet, du mois suivant :

Avril 1830.

« Voilà huit jours, mon ami, que j'ai dans ma poche cette lettre de M. de Bois-le-Comte[2] avec un numéro du feuilleton qui vous regarde. Je vous ai cherché d'*Hernani* en *Christine* avec tout cela et

1. *Portraits contemporains*, II, p. 88.
2. Disciple de Buchez.

je n'ai pu vous découvrir. Prenez et lisez. Ne m'oubliez pas tout à fait, et croyez à ma profonde amitié.

» ALFRED DE VIGNY [1]. »

Ici s'arrêtent les extraits donnés par Sainte-Beuve. « J'ai plus de dix autres lettres pareilles, dit-il, sans compter celles qui sont perdues. » Une assez longue lacune succède dans la correspondance ; elle s'étend jusqu'au 26 juin 1831, jour de la « seconde » de la *Maréchale d'Ancre*.

Ce samedi soir.

Mon cher ami, je rentre tout plein des émotions de votre *Maréchale* et je ne puis résister à vous en écrire. Allez, le mauvais contretemps de l'autre soir est

1. *Portraits contemporains*, II, p. 89.

bien réparé et la pièce a paru aujourd'hui dans toute sa fraîcheur et sa virginité. Les deux premiers actes m'ont paru, comme l'autre fois, charmans d'exposition, de développement, de causerie, larges et reposés, comme la base sur laquelle doit jouer et tournoyer le reste. Je voudrois cependant que vous pussiez décider vos acteurs à aller plus vite, à ne pas intercaler un geste entre chaque mot, à causer enfin selon l'esprit et le ton courant de leur rôle. Sinon peut-être quelques coupures au second acte seroient-elles nécessaires pour arriver moins lentement à l'action. Les troisième et quatrième actes me semblent admirables d'un bout à l'autre, d'un dramatique puissant, continu, contrasté, toujours croissant, — la scène de la maréchale et de Borgia, la venue des enfants, le maréchal et la jeune Italienne, puis les deux femmes aux prises, tout cela est d'un vrai, d'un déchirant, d'un sublime de passion qui amène les larmes — et comme toutes les scènes se composent, se suivent, s'opposent avec un redoublement d'effet de l'une par l'autre! Vous n'avez jamais rien fait de plus beau que cela. Le cinquième acte commence d'une façon charmante, pittoresque, et tout animée ; la fin, à partir du duel (et y compris le duel), est sublime, et tendre, et déchirante, digne des deux actes qui précèdent. Reste donc le monologue que je trouve trop long, d'une philosophie trop élevée dans un tel homme et dans un tel moment, — surtout ceci paroît tel aux spectateurs dont l'intérêt est pour la maréchale, pour les enfants, pour Borgia, pour la petite Italienne, pour tous enfin, excepté pour le maréchal auquel les Gentilshommes en s'en allant ont appliqué tant d'épithètes si justes. Il tient donc trop longtemps la scène seul, et ceci jette de l'incertitude dans le public et interrompt l'émotion qui ne se trouve plus ensuite à la hauteur de la dernière et si grande scène. Voilà mon avis bien sincère, mon cher ami ; mais je ne vous dis pas assez tous mes éloges du pathétique, du cœur, du vrai drame que je trouve dans votre ouvrage ; j'en ai été profondément ému.

Tout à vous.

SAINTE-BEUVE [1].

1. Lettre inédite.

Et Vigny de répondre presque aussitôt, du même élan :

31 juillet 1831.

« Il se passera bien du temps, mon cher ami, avant que j'oublie votre lettre sur la *Maréchale d'Ancre*, autant qu'il en faudra à tout lecteur de *Joseph Delorme* pour oublier ses beaux vers, toute une vie par exemple. Vous m'avez écrit du cœur et de la tête tout à la fois, et j'en ai été vivement touché. Vous n'avez pas jugé aussi sévèrement que moi cet essai, que je vous envoie sous sa seconde forme [1]. Prenez-le seulement pour ce qu'il vaut et comme marque de mon inviolable attachement.

» ALFRED DE VIGNY [2]. »

1. *La Maréchale d'Ancre* venait de paraître (23 juillet) chez Gosselin.

2. *Correspondance*, publiée par Emma Sakellaridès, p. 43.

III

NUAGES

Après cette lettre, nouveau silence, cette fois de deux ans. Retrouvera-t-on quelques textes qui feront voir les choses sous un jour différent, et nous montreront prolongée un peu plus avant une intimité attestée jusqu'alors par tant de preuves ? En fait, un refroidissement grave menaçait les rapports entre les deux amis, et l'année 1832 ne s'acheva pas sans qu'une première brouille les eût tout à fait altérés.

Sainte-Beuve, expliquant les causes de démembrement du Cénacle, y voit surtout l'effet des ambitions dramatiques. L'émulation, idyllique tant qu'elle demeura dans les régions de la poésie pure, lorsqu'elle prit un corps plus matériel au théâtre, se changea en rivalité et les amours-propres s'aigrirent. C'en fut fait de la pastorale, lorsque la scène avec son optique grossissante et sa tyrannie de l'applaudissement eut fait voir à chacun qu'il y allait du premier rang.

Cette explication n'est pas entièrement exacte. Elle confond les époques et avance de plusieurs années l'ère des jalousies : elles ne se déclarèrent ouvertement que plus tard, au moment du triomphe de *Chatterton* (février 1835) et nous en avons pour témoin le journal même de Sainte-

Beuve[1]. Ce qui est plus grave, c'est que cette version des faits altère les sentiments, déplace du côté de Vigny les petitesses et les misères. Rien n'est moins juste que ce reproche. Nous avons vu Vigny constamment généreux, plein de confiance et d'affection pour celui qu'il nomme « son Victor ». Il charge Sainte-Beuve de l'embrasser « sur les deux joues ». A peine se produit-il, au moment d'*Othello*, un malentendu éphémère[2] : il n'en subsiste nulle trace au moment d'*Hernani*. Le soir de cette « première »

1. « Le succès de *Chatterton*... Le quatrième acte d'*Angelo*, où il [Hugo] en est en ce moment, en sortira éperonné jusqu'au sang. »

2. Lettre de Hugo à Vigny, 22 octobre 1829. « On veut nous désunir, mon ami... » et à Sainte-Beuve, 2 novembre : « *Othello* a réussi,... et cela grâce à nous : cette conduite a tout à fait *ramené* Alfred de Vigny et nos Shakspeariens. »

fameuse, on entend Vigny au foyer du Théâtre Français, s'écrier : « Aux fureurs littéraires qui m'agitent, je comprends les fureurs politiques de 93 [1]. »

Ce n'est donc pas l'envie qui corrompit l'amitié des deux grands poètes. Si Vigny se détache d'Hugo, c'est pour des raisons plus déliées et plus dignes de lui. Il lui eût pardonné volontiers son orgueil : il jugeait plus sévèrement son appétit de succès. Il déplorait de le voir s'abaisser à la politique. Il regardait avec chagrin croître dans son ami la soif de la publicité. A la pure amitié du Cénacle succédait la camaraderie des Jeune-France. La terrible vanité de l'homme exigeait chaque jour de nouveaux sacrifices. Il devenait l'homme des foules. Cette attitude était

1. Léon Séché, *Alfred de Vigny*, p. 115, note.

dans le génie de Hugo : ses instincts de démagogie sont la rançon de sa grandeur ; c'est à eux que nous devons ses œuvres les plus magnifiques. Mais il est naturel qu'aux yeux de ses amis, qui l'avaient connu jeune, il semblât d'abord qu'il déchût.

Sainte-Beuve s'était fait l'instrument de cette métamorphose. Chaque nouvel ouvrage du poète était annoncé, crié par lui à son de trompe en style de héraut de roi nègre. « Voici venir le buffle, véritable descendant du buffle, le taureau des taureaux ; tous les autres sont des bœufs : celui-ci est le seul véritable buffle ! » Henri Heine n'exagère rien : c'est le ton du célèbre *Prospectus* de 1828, pour les Œuvres complètes du poète. L'auteur avait eu soin pourtant de ménager un peu

Lamartine et Vigny, de maintenir une apparence d'équilibre entre ces hautes réputations. « *Han d'Islande* — dit-il — serait le roman le mieux noué et le plus dramatique de notre littérature, si *Cinq-Mars* n'existait pas [1]. » Bientôt il n'en prit plus la peine et, à la veille de *Le Roi s'amuse*, il termine par ces mots une notice enthousiaste sur l'infatigable poète : « Les opinions de M. Victor Hugo méritent toute attention. A peine âgé de trente ans, il s'est fait, dans notre littérature, une place unique et immense. Drame, roman, poésie, tout relève aujourd'hui de cet écrivain, qui n'est pas moins grand prosateur que grand poète ; esprit singulier et persévérant,

1. Spœlberch de Lovenjoul, *Sainte-Beuve inconnu*, p. 173.

qui ploie son public à son gré, etc.[1]... »

Il y avait un mot blessant pour ceux qui prétendaient ne relever de personne. Pour Vigny, cette injure n'était pas la première. Dès 1828, il avait souffert, sans mot dire, de voir changer, en tête du livre des *Ballades*, une épigraphe prise de l'un de ses poèmes,

Qu'il est doux, qu'il est doux d'écouter des his-[toires,
Des histoires du temps passé !...

en ces deux vers de du Bellay (ou à peu près de du Bellay) empruntés au *Tableau* de Sainte-Beuve :

Renouvelons aussi
Toute vieille pensée[2].

1. *Revue des Deux Mondes*, 30 octobre 1832.
2. Léon Séché, *Sainte-Beuve*, I. Cf. Péguy, *Victor-Marie, comte Hugo*, 1910, p. 79.

Plus tard, s'il faut en croire Renduel, il aurait été irrité par des plaintes indiscrètes de Hugo à Buloz, au point de chercher un duel avec lui. L'affaire s'arrangea [1]. Cette fois il trouva la mesure comble, et exigea une rétractation de la note du 30 octobre. Elle fut insérée dans le numéro du 15 novembre [2].

1. Adolphe Jullien, *Le romantisme et l'éditeur Renduel*, p. 125.

2. « Et à ce propos, puisque l'occasion s'en présente, faisons remarquer que lorsque récemment il est échappé à la *Revue* de parler des écrivains qui relèvent d'un autre grand écrivain, il va sans dire que les maîtres en tout genre n'entraient pas dans notre pensée. Le grand écrivain dont il s'agit serait le premier, nous en sommes certain, à repousser une telle prétention ; lui-même il a toujours fait la guerre à l'*École*. Les Lamartine, les de Vigny, les Mérimée, les Barbier, les Dumas, ne *relèvent* que de leur propre direction ; leur pensée n'appartient qu'à eux, ainsi que l'instrument par lequel ils l'expriment. »

Vigny reconnut-il dans ces deux morceaux la main de Sainte-Beuve ? L'un et l'autre étaient anonymes. Ce qui, en tout cas, lui échappa toujours c'est la correspondance échangée alors sur son dos entre le poète et le critique.

Sainte-Beuve à Hugo, 13 novembre. — « J'ai bien hâte de cette pièce *(Le Roi s'amuse)*... J'ai su que vous saviez les misères d'un gentilhomme de notre connaissance : un homme qui en est venu là ne fera plus que de la satire ; mais son enthousiasme et son génie poétique sont morts. Les génies féconds sont à l'abri de ces bassesses que j'appellerai sordides [1]... »

Hugo à Sainte-Beuve, même jour. —

1. *Revue de Paris*, 15 janvier 1905, p. 331.

« Le *gentilhomme* devient, en effet, fabuleux ; mais que voulez-vous ? il faut le plaindre encore plus que le blâmer. Il sera bien ravi si *Le Roi s'amuse* fait fiasco. C'est ainsi qu'il me paye des applaudissements frénétiques d'*Othello*.

« Vous, vous êtes toujours le grand poète et le bon ami... »

Sainte-Beuve à Hugo, 14 novembre. — « A propos du gentilhomme, il est revenu chez Buloz hier, insistant encore pour sa note que Buloz a définitivement repoussée. Il avait promis seulement un mot dans la chronique. Je suis arrivé hier soir à la *Revue*, lorsqu'il était en train de fabriquer cette note et j'en ai raccommodé la phrase de peur que sa plume n'aille trop à droite ou à gauche : cela lui sauvera peut-être une brouille qu'il redoute fort. Quant au gentilhomme, il est tué moralement pour moi ; et il faudrait de terribles expiations à une telle conduite et une palingénésie complète pour qu'il me revît dans son boudoir-sanctuaire ou que son nom se trouvât dans aucun morceau signé de mon nom... »

Drôles de corps, tout de même, ces poètes. Hugo qui fait le bon apôtre, trouve moins à blâmer qu'à plaindre, s'attendrit, pardonne et s'admire, en réalité ne pardonne rien. Froidement et à jamais, il raye Vigny de ses souvenirs. Il commence par effacer son nom du panégyrique d'*Eloa*, qu'il avait fait huit ans plus tôt, et le change en Milton. Trente ans après, il l'efface encore du récit de son mariage, dont Vigny avait été le témoin en 1822, et le remplace par celui de Soumet.

Le courroux de cet homme était celui d'un dieu.

Sainte-Beuve au contraire, si indigné d'abord, si sincèrement en colère, qui parle d' « expiations terribles, » de « palingénésie », et jure de ne plus jamais, au grand jamais, dire un mot de Vigny, — il ne se passe pas six mois qu'il ne lui écrive ce billet aussi affectueux, que si de rien n'était.

Ce vendredi [31 mai 1833].

Mon cher ami,

Je vous remercie sincèrement du plaisir que m'a fait votre joli proverbe [1]. Votre duchesse est bien charmante, ingénue,

1. *Quitte pour la peur*, joué à l'Opéra, le 30 mai.

coquette et amoureuse, embarrassante et hardie philosophe dans son ingénuité. Le duc est parfait aussi et je regrette bien que l'acteur nous ait dérobé dans son jabot plus d'un mot exquis que j'aurais voulu entendre : ce sont de ces conversations friandes desquelles on ne veut rien perdre. La moralité de la pièce est plus grave qu'il ne semble au premier abord ; c'est cette société affadie, prête à être égorgée pour être rajeunie comme Eson, c'est l'échafaud de Chénier après mademoiselle de Coulanges. Vous avez admirablement saisi et nuancé ces lointains. Veuillez complimenter de ma part la duchesse [1] si belle sous sa poudre et si naturellement à l'aise dans ce rôle gra-

1. Marie Dorval.

cieux. Je vous eusse cherché hier, si j'avois su où vous atteindre.

Tout à vous d'amitié.

SAINTE-BEUVE [1].

Vigny soupçonna-t-il jamais le petit orage qui avait sourdement grondé contre lui, entre Hugo et Sainte-Beuve ? Cette lettre n'était pas faite pour lui en donner vent. Un peu plus tard, au contraire, après bien des tourments et d'inutiles tempêtes, finissait l'amitié, un moment si ardente, qui avait uni le poète des *Consolations* et celui des *Feuilles d'Automne*. Le 1er mai 1834, Hugo écrit à Sainte-Beuve le billet désolé qui se termine par ces mots : « Adieu, mon ami.

1. Lettre inédite.

Enterrons chacun de notre côté, en silence, ce qui était déjà mort en vous et ce que votre lettre tue en moi. Adieu. — V. »

Après cette lamentable affaire, le critique retourne vers Vigny. Sans doute il n'espérait plus guère retrouver auprès de lui l'illusion fraternelle d'autrefois. Il voulait du moins conserver et entretenir ce qui leur restait du passé. Nous n'avons plus de cette époque que de courts billets, qui n'ont d'autre intérêt que de jalonner le chemin et de montrer que les deux hommes ne se perdent pas de vue. Les voici. Le premier suit de douze jours la rupture avec Hugo.

Je n'avais pas oublié, mon cher ami, la page sur M. Ziégler, elle est faite et à l'imprimerie. Si elle n'a pas été donnée à temps pour l'autre numéro, c'est qu'outre cet article de Lamennais à faire, je n'avais pas encore reçu le livre qui ne m'est arrivé que la veille de mai [*sic*] au soir, et je voulais relire *Eloa.*

Votre bien dévoué de cœur.

SAINTE-BEUVE.

Ce 12 mai [1834].

Vendredi à 3 heures.

Je me trouve si fatigué de la chaleur que je [ne] puis aller à vous aujourd'hui, et j'ai le regret de vous avoir fait m'attendre. J'avais espéré pouvoir jusqu'au dernier moment. Il faudra, mon cher ami, que vous me laissiez vous faire réparation un de ces matins, à ma guise ; vous me verrez arriver chez vous avant l'heure où vous sortez. Mais j'ai aujourd'hui des douleurs d'entrailles qui m'ôtent toute force.

A vous d'amitié.

SAINTE-BEUVE.

Cher ami,

Je suis à la campagne pour une quinzaine. Ma santé en avait besoin, et de misérables tracasseries dont vous avez entendu parler m'ont décidé à secouer au plus vite toute cette poussière. Mais vous, soignez-vous bien : je devois vous aller serrer la main le jour même où il m'a fallu partir. J'irai vous entendre, mon cher Poète, à mon retour.

A vous de bon cœur.

SAINTE-BEUVE [1].

Ce dimanche [7 octobre 1834].

1. Billets inédits.

Enfin le 12 février 1835, Alfred de Vigny eut son jour ou, comme il disait, « sa soirée », un de ces succès qui donnent aussitôt l'auréole. Son drame de *Chatterton* ne manqua pourtant pas de critiques. La plus cruelle parut dans la *Revue des Deux Mondes*, dans la chronique de Gustave Planche. Elle suait la haine et l'envie. L'auteur, d'une laideur et d'une crasse illustres, était jaloux de Vigny et ne se donnait pas la peine de dissimuler. « Entre le poète et l'actrice, il n'y a pas d'alliance possible. A jouer des rôles comme Kitty Bell, madame Dorval finirait par appauvrir ses facultés oisives ; et pour atteindre jusqu'à elle, M. de Vigny court le risque de compromettre la pureté paisible de son style. » Ces équivoques atroces n'empêchaient pas le public d'accourir en foule, et c'est l'écho de tout cela qu'on entend dans la lettre suivante de Sainte-Beuve.

Mon cher ami,

Malgré votre envoi si obligeant qui s'est croisé avec ma lettre, je n'ai pu assister à la première représentation de *Chatterton* ; ce n'est qu'à la troisième que j'ai pris ma part d'émotion et de souffrance à ce drame si poétique et si touchant. J'étois seul dans un coin de l'orchestre, sans voisins, et tout entier au développement de ce caractère et de cette douleur. Bien des fois durant cette soirée, madame Dorval et vous, vous avez obscurci mes yeux de larmes. Pourquoi faut-il qu'en vous félicitant, en vous remerciant là-dessus, j'aie involontairement dans l'esprit, comme vous l'avez sans doute, la pensée de ce qui vous a été désagréable à la *Revue*. Sans vouloir exprimer d'avis sur ce que j'ai fortement regretté, je vous demande si ce qui s'est passé vous semble irrémédiable ; je ne le crois pas, et j'ai dans l'idée que quelque moyen sera tenté qui pourra réconcilier tout ou du moins quelque chose. Pardon, mon ami, de mêler à ma félicitation vive et pure ces tracas qui vont mal à un triomphe aussi mérité ; mais il est si triste de voir chaque pas du Poète vers la gloire devenir alentour une occasion de rompre et de se détacher [1], que je désire malgré moi, malgré vous peut-être, tout ce qui pourroit établir une sorte d'harmonie et couper

1. Planche avait écrit, en 1832, un article fort sympathique à Vigny.

court à l'aigreur au milieu d'un succès si beau de poésie et de larmes.

Croyez, mon cher ami, à mon admiration ancienne et nouvelle, et à mes sentiments bien dévoués.

SAINTE-BEUVE [1].

Ce jeudi [20 février 1835].

Et reprenant son rôle de conciliateur et de réparateur d'injures, comme deux ans plus tôt dans l'affaire de *Le Roi s'amuse*, le critique répondait à la note du 15 février par un public hommage au talent de Vigny, mais un hommage dont Hugo, le Hugo de *Lucrèce* et de *Marie Tudor*, faisait les frais.

« Nous fesons [*sic*] des vœux, — écrit-il dans la *Revue* du 1er mars, — pour que

1. Lettre inédite.

la popularité de *Chatterton* réfute glorieusement l'opinion individuelle de notre collaborateur. Tout assure, au reste, une brillante carrière au drame touchant de Monsieur Alfred de Vigny. A l'auteur de *Stello* la gloire d'avoir le premier tenté une réaction contre le drame *frénétique* et le drame *à spectacle !* Et cette tentative, nous l'espérons, portera ses fruits [1]. »

1. *Revue des Deux Mondes*, 1er mars 1835.

IV

L'ARTICLE DE 1835

Il est clair qu'à cette date l'amitié de Sainte-Beuve a retrouvé toute sa fraîcheur. On sent dans sa dernière lettre le retour d'un accent qui rappelle l'émotion d'*Othello*. Seulement la sympathie, au lieu de s'exprimer chez lui, comme autrefois, sous la forme du vers et de l'épître, se tourne en un intérêt nouveau, original, critique. Au lieu de louer, de chanter, son esprit cherche à comprendre, à définir et à peindre. Le moment était bien choisi pour fixer les traits de Vigny. Il achevait de publier *Servitude et Grandeur militaires*. L'éclatant succès de *Chatterton* mettait l'auteur au premier plan. De là le « Portrait » qui parut dans la *Revue des Deux Mondes* le 15 octobre 1835. C'est à ce morceau que se rapportent les lettres suivantes. La première est un document sur la méthode de Sainte-Beuve : on l'y voit au travail, avec sa conscience, sa curiosité, son extrême souci du détail, du trait ressemblant, de la vie.

Mille remerciemens, mon cher ami, pour votre visite d'hier ; j'étais dans mon logement d'étude à m'occuper de vous en ce moment. J'avais à vous demander l'autre matin quelques détails pour préciser mes souvenirs, mais une aimable conversation d'Emile a suppléé autant qu'il se peut. C'est bien à Loches, n'est-ce pas ? 98, que vous êtes né ? Monsieur de Vigny votre père avait bien fait la campagne de Sept ans ? Madame de Vigny est de Beauce ? Vous avez fait vos premières études chez monsieur Hix et ensuite vous eûtes un précepteur ? Entré aux compagnies rouges en 1814, puis, à leur licenciement, passé dans la Garde en 1816, vous entrâtes dans l'infanterie de ligne vers 1823 ? Est-ce exact ? Vous eûtes alors une vie plus éloignée de Paris, et de garnison, jusqu'en 1826. — Vous étiez aux Pyrénées durant l'expédition d'Espagne [1]. — Marié alors, vous revîntes à

1. Note ajoutée en marge.

Paris et, après quelque tems de disponibilité, vous quittâtes absolument le service. — Ne m'attendez pas exprès mercredi, je vous prie : je tâcherai d'y aller, mais je ne suis pas sûr de n'être pas occupé par des épreuves ou par quelque dernier feuillet, étant très en retard. J'ai gagné à cela de vous relire tout entier ; recevez d'avance toutes mes admirations pour le *Capitaine Renaud* qui est une grande et touchante chose, de philosophie et d'art.

Tout à vous d'amitié,

SAINTE-BEUVE.

Ce lundi matin. [12 octobre 1835.]

Cette lettre n'apporte pas seulement les renseignements les plus curieux sur les préparations d'un article de Sainte-Beuve et sur les « dessous » d'un portrait. Elle est à comparer avec la version que le critique donna plus tard des mêmes faits. Ce sont là de pauvres détails, mais il faut bien y insister, puisque Sainte-Beuve n'a pas craint de le faire lui-même et d'en tirer parti contre son ami d'autrefois.

Après avoir fait la critique d'un article de Planche sur Vigny, et reproché à Planche d'accepter trop facilement les prétentions du poète à une « lignée à part » et à une « originalité littéraire sans pareille », il ajoute : « Lorsque j'eus à mon tour un article à écrire, je me gardai bien d'aller consulter de Vigny ni de l'interroger sur ses antécédens... Le Directeur de la *Revue* et moi nous profitâmes donc d'un moment où il était absent de Paris pour brusquer en apparence et faire passer l'article, dont il n'aurait ensuite qu'à prendre son parti. C'est ce qui arriva. L'article, au milieu des éloges, portait sa dose de vérité [1]. » Voilà un petit morceau qui, au milieu des médisances, porte sa dose d'inexactitude.

Sainte-Beuve continue : « Quant aux erreurs de fait dont parle de Vigny [dans la note du *Journal* qu'on lira plus loin], elles étaient insignifiantes au point de vue littéraire... » Ce qui est singulier, c'est qu'il y a une de ces erreurs que Sainte-Beuve n'a cessé de reprocher à Vigny : celle qui concerne la date de sa naissance. « J'avais cru M. de Vigny né le 27 mars 1799 ; je le rajeunissais de deux années. Il était né le 27 mars 1797. Personne, pas même celui qui y était le plus intéressé, ne m'éclaira sur cette faute. Les poètes

1. *Portraits contemporains*, II, p. 80.

sont quelquefois jaloux de dérober une année ou deux, comme les femmes [1]. » Mais non, M. de Vigny ne faisait nullement mystère de son âge. Il le confesse de fort bonne grâce à la première ligne des *Mémoires* écrits en 1847 et publiés dans le *Journal d'un Poète* : c'était avouer cinquante ans ; et comme il écrivait pour plaire à une dame, c'était presque de l'héroïsme. D'ailleurs, ajoute-t-il, « je me sens presque honteux de parler d'un si petit événement que ma naissance, en comparaison de ces grandes actions qui se passèrent (la sixième campagne d'Italie, mars 1797) ; mais ce petit événement — dit-il avec une grâce charmante — est quelque chose pour vous et pour moi [2]. »

1. *Nouveaux Lundis*, IV, p. 400.
2. *Journal d'un Poète*, p. 223.

Du reste, voici deux textes qui achèvent de remettre les choses au point. Le premier est un mot inédit de Vigny, destiné peut-être à Buloz ; il y est question de *Servitude* et de l'article qui allait paraître, et des démarches de Vigny pour le revoir et le corriger :

J'espérais vous voir ce soir pour vous donner quelques détails sur ce qui vous occupe. J'irai chez vous demain matin et j'enverrai l'exemplaire à qui vous voulez, avec plaisir.

Je n'ai pu joindre Sainte-Beuve et je crains que les détails qu'il voudra peut-être donner sur moi ne soient pas exacts. Mais j'ai toute confiance dans sa mesure et sa délicatesse de touche. En général moins on parle de ma vie et plus cela me plaît.

Avez-vous envoyé un exemplaire à monsieur A. Joly ?

Je suis bien content de toutes les bonnes nouvelles que vous m'annoncez. J'aurai quelques changemens à faire pour la seconde édition. Des bagatelles mais nécessaires. Il faut nous y prendre à tems.

Mille complimens.

ALFRED DE VIGNY.

14 octobre 1835.

Le second texte, qui est du même jour, est un mot d'excuse de Sainte-Beuve :

Je suis désolé en effet, mon cher ami, de ne pas vous avoir pu voir ; malheureusement il est trop tard actuellement. L'article devant paraître demain matin et les bons à tirer étant donnés depuis midi, je crois que le tirage est fait ou il le sera du moins ce soir. Je suis d'ailleurs très peu entré, comme vous pouvez penser, dans les détails de famille, et le peu que j'en ai dit a été plutôt tiré de ce que j'ai lu dans vos *Souvenirs militaires*. J'ai parlé d'ailleurs comme n'étant pas informé par vous mais comme informé extérieurement et d'après des inductions. Je ne serai pas ce soir à la maison, m'étant engagé à dîner en ville. — Je ne pourrai donc vous voir qu'après cet article si précipitamment écrit et où je désire avant tout que rien ne vous mécontente. L'admiration que je vous ai vouée percera, j'espère, à travers les petites chicanes que je me suis permis de vous faire sur des détails.

Tout à vous d'amitié,

SAINTE-BEUVE.

Ce mercredi [14 octobre 1835].

L'article paraît le lendemain, et Vigny remercie aussitôt par cette lettre :

15 octobre 1835[1].

« Dans quel tems et par quelle plume a jamais été écrit un examen plus beau et plus habile que le vôtre, mon ami, et comment puis-je vous en remercier ? D'abord mon cœur a été pris par l'attendrissement que m'ont donné les souvenirs de ces premières et fraternelles réunions que vous avez rappelées et dont parlent ces beaux vers de notre Antoni dont la mort a déjà effacé trois noms. J'ai revu ensuite ces autres soirées de tous les

1. Nous reproduisons cette lettre d'après le brouillon conservé par Vigny. La date du 19, donnée par l'éditeur de la *Correspondance* (p. 66), est sans doute une inadvertance.

mercredis, où vous veniez chez moi écouter et applaudir les *Orientales* avec mes amis et quelques femmes de ma famille ; vous y disiez alors avec tant de grâce et de douceur :

Fraternité des arts ! union fortunée !
Soirs dont le souvenir, même après mainte année,
Charmera le vieillard.

» Hélas ! nous sommes encore bien loin de la vieillesse, mon ami, et déjà s'est rompue par quelques anneaux cette autre chaîne amicale. Moi du moins je n'en ai brisé aucun et je plains ceux qui se sont séparés.

» Pour vous, mon bon ami, vous savez prouver à tous que les changements des esprits et des cœurs n'altèrent en rien l'impartialité de vos jugemens et la grâce savante, la finesse éloquente dont vous les entourez, l'abondante poésie que vous semez sur eux, tout leur assure une durée qui serait effrayante s'ils n'étaient si indulgens. Vous l'avez été beaucoup pour moi ; en vérité le peu que j'ai fait ne méritait pas cela et le peu que je suis le mérite moins encore. Les actions de ma vie sont, à mon grand regret, si obscures et ses pages sont si blanches, que des notes de votre main en doivent faire ressortir le néant. Mais vous les avez écrites avec une mesure parfaite et dont je vous rends grâce mille fois. Les petites erreurs de date que j'aurais pu rectifier si je vous avais vu ne valent guère qu'on s'y arrête. Nous en causerons un jour.

» Quant à mes travaux, ils sont toujours rompus par les agitations inconnues de ma vie ; les éloges que vous donnez à leur constance me rendent honteux ; vous me faites mesurer ce que je pourrais faire et vous accroissez mes regrets, quand je pense au peu de tems qui m'a été laissé pour faire ce que vous louez. J'écris à la hâte chaque jour des plans que je n'aurai jamais le tems d'exécuter et je suis emporté par mille choses hors de moi.

» Ce que je dis là, du reste, vous le savez, vous le sentez, n'est-ce pas ? et vous m'en grondez, mais secrètement, mais pour moi seul qui vois votre pensée à travers le nuage doré. — L'ingénieux langage de votre critique a cela d'excellent qu'il éclaire parfaitement aux yeux du public la route que suit le hasardeux navigateur que vous contemplez, et que, du même rayon, vous lui faites voir, au voyageur, lui seul, les écueils que vous devinez pour sa route. Ainsi, de toutes les constellations que j'ai suivies, c'est la *Lyre* que vous préférez et vous avez bien vos raisons ; Joseph de Lorme nous les a apprises ; mais le grand écrivain de *Volupté* ne pourrait-il obtenir grâce pour la prose près du poète pur des *Consolations?* Ne pouvons-nous aller de l'une à l'autre ? n'y a-t-il pas des idées de Prose et des idées de Poésie ? Pour moi, je le pense, mais je garde pour un futur Cénacle, afin de me faire pardonner mes gros livres, des *Elévations* que je vous prierai d'y venir entendre, dans l'espoir de renouveler nos échanges de vers au milieu des anciens amis poètes qui nous sont restés et des meilleurs parmi les nouveaux que la muse nous a donnés.

» Il n'y en aura pas un, je vous le dis, que je ne surpasse en amitié et en admiration pour vous. »

A. DE V.

L'article, en effet, est très beau, d'une finesse et d'une vérité exquises, et le jugement de Sainte-Beuve, encore qu'il n'ait pas assez vu ce qui fait à nos yeux la vraie grandeur du poète, c'est-à-dire la force de sa pensée, peut passer pour définitif. Il a trouvé, pour dépeindre la nature du talent chez Alfred de Vigny, quelques-unes de ces images qui sont un charme de sa critique. L'enfantement de ces poèmes rares, de ces nobles et transparents symboles, il appelle cela la maladie des perles. Il les compare encore à l'encens, qui est, lui aussi, une altération de la sève, née d'une blessure secrète. « Ses larmes, il ne les donne jamais à l'état de larmes ; il les métamorphose, il en fait éclore des êtres comme Dolorida, Symétha, Eloa. S'il veut exhaler les angoisses du génie et le veuvage de cœur du poète, il ne s'en décharge pas directement par une effusion toute lyrique, comme le ferait M. de Lamartine, mais il prend un détour épique, il crée *Moïse.* » Ce mode de transfiguration, qui est propre à Vigny, n'a jamais été mieux décrit dans ses nuances les plus délicates.

Et pourtant qui peut se flatter d'avoir jamais tout expliqué ? N'y a-t-il pas dans toute âme un mystère qui échappe et qui est le mystère de la vie ? Voilà ce qui frappa Vigny après la lecture de l'article et, ainsi attristé de cette vanité de l'esprit et du langage humains, même les plus pénétrants, puisqu'il reste pour eux toujours tant d'inconnu dans le cœur d'un ami, il consigna dans son journal ces réflexions mélancoliques :

« Sainte-Beuve fait un long article sur moi. Trop préoccupé du *Cénacle* qu'il avait chanté autrefois, il lui a donné dans ma vie littéraire plus d'importance qu'il n'en eut, dans le temps de ces réunions rares et légères. Sainte-Beuve m'aime et m'estime, mais me connaît à peine, et s'est trompé en voulant entrer dans les secrets de ma manière de produire...

» Il ne faut disséquer que les morts. Cette manière de chercher à ouvrir le cerveau d'un vivant est fausse et mauvaise.

Dieu seul et le poète savent comment naît et se forme la pensée. Les hommes ne peuvent ouvrir ce fruit divin et y chercher l'amande. Quand ils veulent le faire, ils la retaillent et la gâtent. »

Cette note irrita terriblement Sainte-Beuve, lorsqu'il la lut, trente ans plus tard, et après la mort du poète, dans son *Journal*. Il n'y en a pas une ligne qu'il n'ait pris à tâche de réfuter et de détruire. Et peu s'en faut que M. de Spoelberch de Lovenjoul, en la reproduisant avec la lettre qui précède, dans un article des *Débats* (octobre 1904), n'accuse l'auteur de mauvaise foi et de duplicité.

Franchement, j'y trouve moins d'aigreur que de tristesse et de dignité grave. Sainte-Beuve, dans son article, faisait des réserves qui, aux termes près, étaient des critiques assez dures : il reprochait à Vigny d'avoir, surtout en prose et dans ses récits historiques, de la manière, de l'artifice, un air de « poétique chimère ». En deux mots, il lui trouve l'esprit faux. L'arrêt était sévère. Vigny ne s'en plaint pas.

Quant aux autres points de la note, qu'y trouve-t-on de quoi faire un grief à Vigny ? Ce qu'il dit du Cénacle ? Mais pendant trois ans, de 1823 à 1826, Vigny en garnison à Strasbourg, à Bordeaux, à Pau, n'y fréquenta guère. Et Sainte-Beuve lui-même, après avoir rappelé toutes les amitiés littéraires de Vigny, n'a-t-il pas été obligé de convenir que son tempérament poétique n'a aucune parenté avec quoi que ce soit dans la tradition française, et de le peindre spirituellement comme un orphelin de grande famille, qui a des oncles et des grands-oncles à l'étranger (Dante, Shakspeare, Klopstock, Byron ?) Reste le mot : « Sainte-Beuve me connaît à peine » qui, sous la plume de tout autre, serait étrange au bout de huit ans d'entretiens et de correspondance ; mais, sous la sienne, il n'est que juste. « Consolez-vous, — répondait-on à son successeur à l'Académie, qui avait exprimé le regret de l'avoir peu connu : personne n'a vécu dans l'intimité de M. de Vigny, pas même lui. »

Allons plus loin. Quel artiste, même après la critique la plus intelligente, n'a pas le sentiment d'être vaguement méconnu ? Quel poète conviendra que le génie est susceptible d'analyse, souffrira sans pudeur cette dissection, et en voyant ainsi ses secrets étalés, ne protestera pas qu'il y a autre chose en lui et que son art réside ailleurs que dans ces pauvres procédés ? Le fait est que Sainte-Beuve s'est trouvé là en défaut, et qu'il se trompe en attribuant les retards et la rareté de la production chez Vigny aux scrupules, aux angoisses de l'exécution.

Il est vrai que Vigny produisait peu. Mais ce n'était pas la faute de la stérilité, c'était celle d'une sorte de paresse et d'un dedain croissant pour l'expression et la publicité. C'est un peu le phénomène que nous avons revu dans le cas de l'auteur du *Cimetière marin.* Il suffit de comparer les manuscrits de Vigny à ceux de Victor Hugo pour juger qui des deux avait le travail facile. Mais Vigny perdait son temps en projets, en esquisses. Il se désintéressait de la course au succès, de faire une carrière littéraire. Ce grand artiste était un artiste incomplet : il lui manquait le besoin de donner un corps à ses rêves. La prodigieuse abondance des idées poétiques, le merveilleux déroulement du songe intérieur, la volupté de concevoir lui faisaient oublier la nécessité de créer.

Il était de cette race malheureuse des inventeurs, à qui l'idée suffit et qui s'inquiètent à peine de lui donner une forme concrète. Son imagination lui présentait chaque jour de nouvelles pensées, qu'il ne manquait jamais d'excuses pour ne pas exprimer ; il se payait de ce prétexte qu'il les laissait mûrir : « Je ne fais pas un livre, il se fait. » Le plus souvent, hélas!

il ne se faisait pas. Il nous reste de ce grand génie une foule d'ébauches, et combien d'œuvres achevées ? Sa vie s'est consumée en songes, évanouie en fumées. Tel fut chez lui l'effet de cette illusion qu'un chef-d'œuvre résulte d'une création mystérieuse qu'il serait aussi sacrilège de hâter que de chercher à définir, produit d'une fonction auguste que le poète n'a pas le droit de troubler dans son cours. — Les défauts même du peu d'ouvrages qu'il a exécutés, leur recherche apparente, leur gaucherie, leur préciosité, trahissent plus de négligence que de veilles et de peines : le travail eût tout simplifié.

Le poète, en se défendant du reproche que ses vers lui coûtassent de l'effort, ne se doutait guère que ce qui lui a le plus fait défaut, c'est l'amour de son art, et que son indulgence au rêve allait stériliser sa vie.

Au reste, sans être satisfait en tout, il n'était pas fâché ; il n'en voulait pas à Sainte-Beuve. Et, quelques jours après l'article, il écrivait encore à l'auteur :

« Comment se voit-on si peu, quand on s'estime et qu'on s'aime beaucoup ? Voilà ce qui me révolte. Aussi soyez sûr que je serai chez vous samedi prochain, 7 novembre 1835, à *quatre heures*, si cela ne vous est pas trop désagréable, mon ami.

» Vous voyez que je m'y prends de loin. Mais sans cela on se poursuit toujours inutilement. Faites-moi savoir par un mot si vous préférez un autre jour ; si vous ne me répondez pas, j'irai causer une heure avec vous ce jour-là.

» Mille amitiés bien tendres,

» ALFRED DE VIGNY. »

3 novembre 1835 [1].

Ces lignes tout amicales, Sainte-Beuve trouve le moyen d'en faire un crime à Vigny : « J'eusse mieux aimé qu'au lieu de s'enfermer dans les réticences et de les confier au papier pour lui seul, de Vigny me fît part de son désaccord avec moi à son propre sujet et me mît à même de le discuter. J'avais produit ma manière de voir à son égard ; j'eusse été heureux d'être rectifié, s'il y avait lieu, et de m'éclairer. Au lieu de cela, il s'enveloppa de plus en plus, se fit de plus en plus

1. *Portraits contemporains*, II, p. 90.

rare de communications et d'œuvres et se retrancha, en vieillissant, dans son inviolabilité d'ange et de poète : il y semblait véritablement confit. D'autre part au contraire, redevenu moi-même d'humeur et d'habitude de plus en plus libres et jugeuses, le froid avec les années se mit entre nous. »

Ce récit n'est qu'à moitié sincère : si les communications se firent rares, la faute n'en est pas à Vigny, et s'il y eut réticence, c'est que Sainte-Beuve ne permit pas les explications. Les deux billets suivants ne sont que des défaites.

Je ne vous ai pas répondu tout aussitôt, mon cher ami, et n'ai pas tendu d'abord la main à votre offre gracieuse, tant j'étais occupé à ma charrue. Maintenant que je relève un moment la tête et que je suis entre deux sillons, je vous dis merci, et que, si l'un des jours de l'autre semaine (qui ne soit pas *lundi* ni *mercredi*) vous voulez me faire participer à ce retour émouvant, je m'estimerai heureux d'y applaudir. — Vous avez dû voir Renduel. — Mille remerciemens et amitiés bien vives et souhaits même comme jadis.

SAINTE-BEUVE.

Ce 1er janvier [1836][1].

Six mois plus tard :

Je voudrais bien pouvoir, mon cher ami, répondre aussitôt oui à votre aimable demande. Je suis tenu malheureusement d'ici au 1er par rien moins qu'un *article*, une de ces grossesses fréquentes qui rui-

1. *Inédit.*

nent beauté et santé et n'aboutissent qu'à de petits avortemens. J'eusse été heureux de plus causer avec vous de vous-même. J'avais pensé que ce que vous m'aviez dit et rectifié dans notre conversation, *Revue* en main, suffisait quant aux faits. Le reste, vous le sentez, est bien variable et tient à des impressions qui vont se modifiant elles-mêmes ; je vous l'abandonne. Cela est plus rectifiable, d'un ouvrage à l'autre du même auteur, qu'en revenant sur un point de vue une fois pris. J'ai été, je vous l'avoue, plus préoccupé peut-être qu'il ne convenait, en écrivant cet article, de l'article autrefois fait par Planche, article honorable mais faux selon moi, mais inexact quant aux faits et aux inductions, du moins pour toute une partie à moi connue. Au reste, mon cher ami, vous êtes de ceux qu'on retrouve plus d'une fois sous sa plume, et dont les rentrées en scène donnent lieu à des jugemens souvent nouveaux. Vous me permettrez donc d'espérer qu'il n'y a rien d'irréparable dans ce qui est fait. En attendant que nous fassions cette causerie que je regrette de voir retardée, croyez bien à tous mes sentimens de cœur.

SAINTE-BEUVE.

Ce 23 juin [1836] [1].

Et Vigny, toujours confiant dans l'amitié de ses amis, récidive quelques jours après, parle encore d' « embrasser » Sainte-Beuve : on s'embrassait beaucoup dans le monde romantique. Mais, à l'heure où nous sommes, c'étaient un

1. *Inédit.*

peu « les neiges d'antan ». Il fallait l'opiniâtreté d'illusion du poète et son ingénuité de cœur pour ne pas s'en apercevoir.

Mercredi, 6 juillet 1836.

« Mon ami,

» Je pars samedi pour Londres. J'ai besoin de vous voir et de vous embrasser avant de m'embarquer. Demain matin, à onze heures, je serai chez vous, rue du Mont-Parnasse, et je vous emmènerai déjeuner en causant ou causer en déjeunant, comme vous voudrez. J'ai beaucoup à vous dire, mais point pour moi. Ne craignez rien.

» Tout à vous de cœur.

» ALFRED DE VIGNY. »

« *Jeudi*, car je me défie de la poste [1]. »

1. Alfred de Vigny, *Correspondance*, p. 70.

V

LA RUPTURE

Il n'était pourtant pas malaisé de lire entre les lignes et tout autre que le poète l'eût immédiatement découvert : pour Sainte-Beuve, l'article une fois écrit et son jugement formulé, Vigny cessait d'être intéressant. Tout en maudissant son métier et tout en nourrissant quelques ambitions poétiques (les *Pensées d'Août* paraissent en 1839), Sainte-Beuve était devenu si exclusivement critique qu'il n'était plus capable que des émotions dont l'intelligence est la source. Comprendre, expliquer, classer, telle était toute sa vie. Il ne pouvait plus éprouver la sympathie que sous sa forme intellectuelle, et c'est le plus souvent une simple curiosité. Mais justement Vigny cessait d'écrire, ne produisait plus. Il ne pouvait plus exciter l'intérêt que par une nouvelle œuvre et il allait se passer trente ans avant la publication des *Destinées*. Sainte-Beuve était trop clairvoyant pour n'avoir pas pressenti ce long silence. Il y a bien de l'ironie dans cette confiance qu'il exprime d'une prochaine « rentrée en scène » de Vigny. Sans aller jusqu'à se détacher et tout en conservant les formes de l'amitié, il se refroidissait pour celui qu'*in petto* il regardait comme une épave.

Nous n'avons de cette époque que de brefs billets non datés, hâtifs, toujours griffonnés entre deux articles. — Le premier a quelque intérêt à cause du *post-scriptum* concernant *Arthur*, le roman d'Ulric Guttinguer, avec qui Sainte-Beuve avait commencé le livre en 1830, pour en faire ensuite *Volupté* [1] :

Mon cher ami,

J'ai voulu ne vous répondre que pour vous dire un jour. Et à l'heure que vous désiriez, je ne pouvais tous ces jours-ci, étant confisqué par un article de Buloz. Je relève enfin la tête pour vous dire que

1. Cf. Spoelberch de Lovenjoul, *Sainte-Beuve inconnu*. — Une nouvelle édition d'*Arthur* a été donnée par les *Presses Françaises* avec une préface de M. Henri Bremond, Paris, 1925.

je serai chez vous demain mardi, vers deux heures, plutôt avant.

Recevez toutes mes amitiés bien sincères et vraies.

SAINTE-BEUVE.

Vous avez dû recevoir un *Arthur* de Guttinguer. Un mot de vous à lui serait un succès à ses yeux : il demeure à *Saint-Germain-en-Laye, rue Saint-Louis*.

[1836.]

Ce mardi.

Mon cher ami,

La semaine avance, mes épreuves n'avancent guère ; je ne sais si j'aurai le plaisir d'aller vous chercher un de ces soirs, et ce pourrait bien n'être qu'au retour de ma petite excursion dans le

Perche. Mais je ne veux pas omettre de vous dire, qu'ayant eu l'honneur de rencontrer Mme de Maindorff, elle m'a bien recommandé de vous annoncer qu'elle était ici et qu'elle comptait sur une visite de vous. Je suis trop flatté de porter ce gracieux message pour ne pas le remplir aussitôt.

Bien à vous d'amitié et de tous les sentimens.

SAINTE-BEUVE.

Ce vendredi.

Mon cher ami,

M. Martin n'avait pas négligé de me porter vos paroles, et la faute n'est qu'à moi ou plutôt aux choses. Je suis en effet plus occupé et obéré que vous ne pouvez croire ; j'achève en ce moment un article pour la *Revue* d'après-demain. Ainsi va ma vie tout le jour ; le soir je suis las et mes yeux se ferment de très bonne heure. Tout ce qui ressemble à une aimable causerie et à un délassement d'amis est rejeté bien loin dans l'âge d'or du passé. Je vous ai su malade, puis guéri. Si j'avais pensé que je vous pusse être bon en quelque chose de positif, j'aurais désiré savoir avec précision en quoi ; je ferai en sorte que la semaine prochaine ne se passe pas sans que j'aie eu le plaisir de vous écouter. Excusez-moi, je vous en prie, et plaignez-moi d'être si loin de ces loisirs qui sont nécessaires à l'amour, dit Ovide, à la poésie, à l'amitié même.

A vous.

SAINTE-BEUVE [1].

1. Ces trois billets sont inédits.

Y eut-il eu d'autres lettres échangées ? A en juger sur celles-ci, la perte n'est pas regrettable : qu'importent quelques lignes de froide politesse. En revanche, on peut suivre dans la correspondance de Sainte-Beuve avec Juste Ollivier le progrès de la désaffection :

8 juin 1838. — « Une nouvelle scission s'est opérée dans l'école romantique, dans le coin Vigny... Ainsi, nouvelle fêlure dans ce petit coin, précieux débris du Cénacle, dont Vigny était l'onyx ou l'agate, et dont les autres, Barbier, Wailly, Brizeux, formaient comme le cercle mi-parti d'ébène et d'ivoire...

» De Vigny ne fait rien et est réputé ne plus pouvoir rien faire ; chaque fois qu'il va chez Buloz, il lui dit : « Je travaille beaucoup, vous serez effrayé de la quantité de manuscrits que je vous porterai bientôt », et Buloz rit de son rire qui n'est poli que parce que de Vigny ne le comprend pas... »

1er septembre 1839. — « De Vigny revient d'Angleterre, où il va souvent ; il a hérité de son beau-père une fortune dans l'Inde [pur on-dit : l'héritage se réduisit à un interminable procès] ; être riche, cela lui sied *et réjouit ses amis*. Sa poésie d'ivoire y gagnera. Un peu d'or au pied de l'albâtre... »

Après cela, il n'y a plus qu'à rompre. L'occasion se présenta bientôt.

C'était en 1840. L'école romantique, si fougueuse dix ans plus tôt et dont l'avènement avait pris le caractère d'une révolution, toute cette génération littéraire bruyamment montée au pouvoir avec la monarchie de Juillet, pleine de promesses et de programmes d'avenir, en définitive n'avait rien établi, rien constitué, rien promulgué. L'élan des assaillants s'était brisé dans la victoire. Il ne restait de cette troupe que des individualités brillantes, pareilles aux météores qui résultent d'un astre dissous. Moment d'arrêt, où les grandes voix de naguère se sont tues, où le silence et l'étonnement succèdent aux proclamations, aux espérances de la jeunesse. Le siècle enfin, qu'on avait si longtemps appelé le jeune siècle, touchait à la quarantaine. N'était-ce pas le moment de dresser le bilan de ces premiers efforts magnifiques mais trop vastes et trop désordonnés, et de profiter d'une heure d'abattement pour faire un examen de conscience, compter les résultats, avouer les pertes, dénombrer les forces, les espoirs restants, rallier les énergies éparses à un nouveau programme qui, à défaut des ardeurs et de l'entrain du début, aurait l'avantage de l'expérience ?

C'est de cette pensée vraiment généreuse que sortit l'article intitulé : *Dix ans après en littérature*. Il n'y en a guère dans Sainte-Beuve de plus considérable. Il prend conscience de son rôle, s'accepte lui-même comme critique. Le grand intérêt de cette étude, c'est que ce romantisme dont Sainte-Beuve retrace l'histoire et les déceptions, il en avait été le théoricien ; il lui avait donné sa formule, il y avait cru. Cet idéal avait été la foi de sa jeunesse. Aujourd'hui, il ne le désavouait pas, mais il avait la force et le courage de le juger. Il lui conseillait l'art de vieillir, l'exhortait à user de la maturité, à être sage, viril, à prendre enfin une position réfléchie dans la vie.

« La critique est la seconde face et le second temps nécessaire de la plupart des esprits. Dans la jeunesse, elle se recèle sous l'art, sous la poésie ; ou, si elle veut aller seule, la poésie, l'exaltation, s'y mêle souvent et la trouble. Ce n'est que lorsque la poésie s'est un peu dissipée et éclaircie, que le second plan se démasque véritablement, et que la critique se glisse, s'infiltre de toutes parts et sous toutes les formes dans le talent. Elle se borne à le tremper quelquefois : plus souvent elle le transforme. N'en médisons pas trop, même quand elle brise l'art : on peut dire de ce dernier, même lorsqu'il est brisé en critique, que les morceaux en sont bons. » Ici l'exemple de Fontenelle, poète contestable, bel esprit évincé, qui devint, sous la seconde forme, le plus consommé des critiques, le patriarche de son siècle. « Il y a ainsi, au fond de la plupart des talents, *un pis-aller honorable, s'ils savent n'en pas faire fi et comprendre que c'est un progrès*. Il faut tôt ou tard, bon gré mal gré, y consentir : *la critique hérite finalement en nous de nos autres qualités plus superbes et plus naïves, de nos erreurs, de nos succès caressés, de nos échecs mieux compris*. L'instituer largement et avec ensemble en littérature », l'appuyer sur l'histoire, la mêler à une morale saine, pratique, décente, « ce serait, dans ce débordement trop général d'impureté et d'improbité, rendre un service public et, j'ose dire, social [1]. »

Cette élévation de vues, cette sérénité d'un esprit qui, sans abdiquer, renonce et se soumet à la réalité, cette force d'âme dont jamais Sainte-Beuve n'a donné un plus beau témoignage, animent et inspirent les jugements qu'il porte tout autour de lui sur les œuvres et les hommes. Cette revue du romantisme est à comparer avec l'admirable lettre qu'un an auparavant Vigny avait écrite au prince Maximilien-Joseph de Bavière sur l'état des lettres en France [2]. Le poète et le critique, tous deux désabusés, l'un et l'autre à la veille d'une crise profonde, jugent leur temps avec une égale bienveillance et un égal sérieux.

1. *Portraits contemporains*, II, p. 486.
2. *Revue de Paris*, 1er mai 1898.

La lettre de Vigny est du 17 septembre 1839 ; l'article de Sainte-Beuve est du 1er mai 1840. Chateaubriand, Hugo, Lamartine, Lamennais, Balzac et George Sand, Saint-Simon et Jean Reynaud, y ont chacun leur paragraphe. Vigny n'y était pas nommé.

Il aurait pu se consoler d'une omission qu'il partageait avec Stendhal et Michelet. Il croyait cependant mériter plus d'égards. L'amitié de Sainte-Beuve lui en faisait un droit. Il en avait d'autres encore, qui étaient ceux de son génie : il en portait en lui une conscience d'autant plus vive, qu'ils étaient un peu méconnus ; mais, si haut qu'il les estimât, on peut à peine dire qu'il se les exagérait. Il était dur d'être traité comme s'il ne comptait plus. Tous les grands thèmes du romantisme, c'est lui qui les avait formulés le premier. Le premier, il a célébré la mission sacrée du poète, cette sorte de sacerdoce qui l'isole de l'humanité. Cet être faible et tout-puissant, moitié héros moitié malade, tantôt prêtre et tantôt victime, c'est *Moïse*, *Stello*, *Chatterton*. Le *Déluge*, c'est tout le pessimisme et le désespoir romantiques. L'idée de la vertu de l'amour, du rachat par la passion, ce qui s'est appelé depuis la « religion de la souffrance humaine », n'est-ce pas *Eloa?* Peu d'œuvres, en un mot, sont plus riches que celle de Vigny, contiennent en moins d'espace une matière plus féconde. Vigny est un initiateur. Ces lithographies romantiques, *Dolorida*, le *Cor*, ont été tirées à un nombre incalculable d'exemplaires. Hugo surtout a mis Vigny en coupe réglée : la

Légende des Siècles n'est qu'un agrandissement des *Poèmes antiques et modernes*, comme la *Fin de Satan* n'est qu'une autre *Eloa*.

Vigny n'ignorait pas que *Cinq-Mars* est le premier en date des grands romans nationaux, qu'au théâtre *Othello* avait fait brèche pour *Hernani*, tandis que *Chatterton* donnait du drame romantique une formule nouvelle. Il savait qu'il y a, particulièrement dans *Moïse*, quelques-uns des plus beaux vers de notre langue, des vers (a dit Pierre Louys)[1] qui écrasent toute la poésie française entre Corneille et le Hugo de 1850, et qui ont la grandeur d'une chaîne de montagnes :

Je commande à la nuit de déchirer ses voiles.
J'impose mes deux mains sur le front des nuages.

1. *Nouvelles Littéraires*, juillet 1928 « *Une heure avec Ferdinand Gregh* », par M. Frédéric Lefèvre.

J'engloutis les cités sous les sables mouvants ;
Je renverse les monts sous les ailes des vents,
Mon pied infatigable est plus fort que l'espace.
Le fleuve aux grandes eaux se range quand je [passe
Et la voix de la mer se tait devant ma voix.

Dans tous les genres, hormis le lyrisme, où Lamartine régnait en maître, il avait dit son mot, donné l'exemple décisif. J'excepte le lyrisme, et pourtant c'est à Vigny que se rattache Baudelaire (dont les premiers poèmes commençaient à paraître vers 1840). Enfin toutes les parties de cette œuvre font corps, se tiennent harmonieusement : il est arrivé à peu d'artistes d'être en même temps de tels penseurs et d'offrir dans de beaux ouvrages d'imagination un système complet des choses.

Peut-être, pour distinguer de si hautes

qualités, un peu de recul était-il nécessaire ; mais Alfred de Vigny n'appartenait pas encore au passé, et déjà il semblait n'être plus du présent. Depuis cinq ans, il n'avait pas publié une ligne, et depuis huit ans, pas un vers. L'activité de son esprit lui faisait-elle illusion et le démon du rêve l'endormait-il dans la confiance de sa gloire ? Ou peut-être avait-il des doutes et se sentait-il devenir une sorte de mort vivant ? Dans les deux cas, le coup de Sainte-Beuve dut lui être cruel. Il put le croire volontaire, puisque l'article avait pour but de rallier des talents à la *Revue des Deux Mondes*, où, depuis 1830, avaient paru tous ses écrits. Il fit observer à Buloz cet oubli, qu'il pouvait prendre pour une injure. Sainte-Beuve n'était plus d'humeur à souffrir cette réclamation. Quelques semaines plus tard, Vigny faisait porter au critique un exemplaire de l'édition nouvelle de ses œuvres complètes. Les choses se précipitèrent et ce qui était inévitable arriva. Les trois lettres qui suivent [1] racontent éloquemment la fin de la dernière amitié romantique.

M. Martin m'a bien exactement remis les volumes que M. de Vigny l'avait chargé de me remettre. Je voudrois pouvoir remercier directement M. Boullard et je prie M. de Vigny de vouloir bien le faire pour moi à l'occasion. Quant à lui, je le prie de croire que si les plaintes indirectes qui peuvent me venir de lui me

1. Inédites.

sont sensibles, les témoignages directs de son ancienne affection me le sont beaucoup plus.

SAINTE-BEUVE.

[25 mai 1840], 6 heures du soir.

La réponse de Vigny est, comme lui-même, noble et tendre :

Je pensais bien que quelque commérage littéraire avait changé pour un moment votre cœur et causé de votre part un oubli volontaire qui m'a été sensible et dont je me suis étonné. C'était par de semblables choses que j'avais été trop longtemps séparé de Lamartine. Garantissons-nous bien à l'avenir des propos redits et empoisonnés peut-être. Nous les éviterions toujours par une manière d'agir bien simple et qui, je pense, n'a rien de trop cruel : en nous voyant. Donnez-m'en donc l'occasion, mon ami, vous l'avez éloignée trop souvent quand je la cherchais.

ALFRED DE VIGNY.

26 mai 1840.

Sainte-Beuve aussitôt réplique :

Permettez-moi de vous dire qu'il n'y a eu aucun commérage littéraire et que je suis parfaitement au-dessus et en dehors de cela. Mais je n'ai pu ignorer qu'après l'article inséré à la *Revue des Deux Mondes* et intitulé : *Dix ans après en littérature*, vous étiez venu au bureau de la *Revue*, et vous étiez plaint de l'omission de votre nom dans cet article ; ceci m'a été redit de la manière la plus simple et sans qu'on ait rien empoisonné. Je me suis peu enquis des détails et des expressions, mais le seul fait de la plainte m'a suffi. J'ai l'habitude de nommer ou de ne pas nommer mes amis dans mes articles, à mon gré, et sans souffrir là-dessus d'insinuation ni de conseil : aussi les directeurs de la *Revue* étaient-ils entièrement innocents. Je ne vous avais pas nommé dans cet article, parce que je n'y faisais appel qu'à des critiques particulièrement, parce que je ne prétendais pas y nommer tous les écrivains que la *Revue* possédait déjà et dont elle était sûre, parce qu'enfin je vous avais nommé dans le précédent article et qu'une omission dans celui-ci ne me semblait pas pouvoir être mal interprétée. J'ai presque honte d'entrer dans ces détails ; je vous avoue que j'aime mieux les vider au courant de la plume, parce qu'en paroles je ne pourrais me décider à les aborder. Il est doux de se voir, mais non pas pour traiter de ces sortes de susceptibilités. Ceci glace et, quand on est opiniâtre comme j'ai le malheur de l'être, on en a pour longtemps des impressions qui vous en restent. Je ne vous en aurais jamais parlé, si vous ne l'aviez provoqué. L'envoi de vos volumes m'obligeait à un remerciement que j'ai fait sincère, en y mettant la réserve que j'avais à cœur. Votre réponse amène celle-ci ; tâchez, je vous en supplie, que nous n'ayons pas à revenir sur ces sujets qui me paraissent fort peu dignes, même d'explication. Croyez à mon admiration pour vos talens, à mon respect pour toutes vos nobles qualités, à mon équité pour le reste, et aussi à mon désir d'une parfaite, sauvage et à peu près irréconciliable indépendance.

SAINTE-BEUVE.

VI

ÉPILOGUE

Cette dernière lettre est vraiment belle, et Sainte-Beuve paraît y représenter avec une dignité hautaine l'indépendance de la critique.

On voudrait pouvoir en rester là, et n'avoir rien à ajouter à cette fin mélancolique. On aurait, en terminant, le spectacle de deux hommes également sincères, irréprochables en leur attitude, qu'un accident sépare et qui, sachant quelles traces laissent certaines atteintes faites à l'amitié, pour emporter du moins leurs souvenirs intacts, s'éloignent à regret l'un de l'autre. Malheureusement, Sainte-Beuve ne nous laisse pas le choix : il a poursuivi le poète d'une rancune si implacable qu'il est impossible de l'ignorer.

Un mot seulement sur ces misères.

Les rivalités académiques mirent aux prises les deux amis de jadis. Sainte-Beuve est élu en 1844 ; Vigny, déclara-t-il, n'avait aucune chance : manière honnête de s'épargner toute espèce de scrupules. Le poète réussit enfin (1er mai 1845) à sa quatrième candidature. La réception eut lieu le 29 janvier 1846. Cette séance fut une brimade. Sainte-Beuve en rendit compte, deux jours après, dans la *Revue des Deux Mondes*, en appuyant malignement sur les ridicules du récipiendaire. Il eut la cruauté d'y revenir vingt ans plus tard, à la mort du poète, et de remplir de ce récit la moitié de l'article consacré à sa pure mémoire.

Où sont sa ferveur de jadis, ses pieuses apostrophes au « divin et chaste cygne » ? Voici ce qu'il écrit dans ses notes intimes : « De Vigny, qui se croit gentilhomme, fait pour arriver à l'Académie des choses qui ne sont même pas d'un pédant. — Ce qu'est aujourd'hui l'auteur d'*Eloa*, c'est un bel ange qui a bu du vinaigre. — Voilà de Vigny à l'Académie ; comment s'y prendra-t-il pour daigner descendre à la biographie, à l'éloge de son prédécesseur ? Il en sera quitte pour imiter certain début poétique de Pindare qui disait à son héros : « Je te *frappe* de mes couronnes et je t'*arrose* de mes hymnes... » Cette plénitude de soi-même, dans laquelle vit et se plaît de Vigny, cette présence d'esprit sans distraction en face de soi-même, j'appelle cela l'Adoration perpétuelle du Saint-Sacrement... » Et dans une lettre à Juste Ollivier, directeur d'une revue suisse où il distillait en secret ce qu'il appelait ses *poisons* : « Vigny n'est qu'un Trissotin gentilhomme, le comte de Trissotin. De tels outrages éclairent cette pensée du *Journal d'un Poète* : « La noblesse, la distinction et la politesse des manières engendrent dans certaines âmes une irritation qui va jusqu'à la haine du sang. »

Qu'avaient à se dire encore deux hommes qui en étaient là ? Il nous reste pourtant un dernier billet de cette époque, et il est de Sainte-Beuve :

Je vous ai revu.

J'ai été touché.

Les personnes qui étaient avec moi dans la loge, et plus jeunes que moi, ont été non moins touchées, et se sont plus d'une fois écriées : « Que c'est bien! que c'est élevé ! »

J'en étais fier pour la génération dont les chefs ont produit de telles œuvres.

Au-dessous du parafe du critique, Vigny a tracé cette note :

Ce mot, envoyé par Sainte-Beuve pendant la séance, le 20 avril 1858, m'est écrit après avoir revu *Chatterton* aux Français [1].

1. Billet et note inédits.

Ce fut tout.

« Il y a trois beaux silences chez les grands auteurs de l'antiquité, — écrivit un jour Sainte-Beuve. — Dans ces trois cas sublimes, un même effet est produit par la haine orgueilleuse d'un héros (Ajax, dans l'*Odyssée*), par la douleur délirante d'une mère (Eurydice, dans *Antigone*), par le ressentiment implacable d'une amante (Didon, au VIe Livre de l'*Enéide*). M. de Vigny a trouvé un quatrième et non moins superbe silence : celui du poète. » On regrette pour Sainte-Beuve qu'il n'ait pas eu la dignité d'observer le même silence.

Le pis est que son parti-pris lui fausse pour une fois le goût, et que son inclémence pour l'homme devient de l'injustice pour le poète. Lorsque les *Destinées* parurent après la mort de Vigny, Sainte-Beuve n'y vit qu'un déclin. Il a des mots mesquins pour peindre et expliquer la retraite de trente ans d'où sort ce testament de désespoir et de pitié. Cette retraite en pleine gloire, en quels termes l'eût-il célébrée chez un Pascal, chez un Rancé qui eussent été poètes? Quel langage aurait-il trouvé pour faire comprendre l'ascétisme d'un génie à ce point ébloui de songe qu'il dédaigner de s'exprimer. Cas d'élite pour un psychologue. Et quel thème, pour un poète, que d'essayer de peindre cette pensée à jamais inédite et de compléter en idée le temple ébauché! M. Maurice Paléologue a écrit sur ce sujet quelques pages admirables [1].

1. *Alfred de Vigny*, par Maurice Paléologue. *Collection des Grands Écrivains*.

Sainte-Beuve ne trouve ici qu'une maladie particulière : il appelle cela *rhumatisme* ou *chlorose* littéraire. Il va jusqu'à nier toute pensée à ces poèmes « soi-disant » philosophiques. Un seul lui semble supérieur, et c'est la *Colère de Samson*, parce qu'il y distingue le cri d'une douleur réelle ; et cette page incomparable, la plus forte qu'une trahison de femme ait inspirée à un poète, parce qu'elle exprime, non pas un désespoir égoïste, mais une conception universelle de l'amour, où tient déjà tout le tragique des *Femmes damnées* et d'*Albertine disparue*, n'est pour lui que l'occasion d'une allusion indiscrète et le prétexte à soulever un mystère d'alcôve. Il n'était pas fâché de diminuer ainsi le poète d'*Eloa* et de faire sourire de l'égarement de ce grand cœur.

Et pourtant il était écrit que rien n'échapperait à cet esprit si pénétrant et que la malveillance n'aurait jamais raison de son intelligence. Malgré lui, il ne peut pas s'empêcher de porter sur son ennmi des jugements qui ne seront plus corrigés. Ce qu'il ne perçoit pas encore, il le pressent. L'admiration qu'il n'éprouve pas, il la devine. Vingt ans avant la mort d'Hugo, en pleine vogue de Musset, il désigne en Vigny le poète de l'avenir : il annonce le culte que lui vouera la prochaine génération. Il en marque à l'avance la signification, indique les rites et la formule. Il est de lui, ce mot devenu proverbial, devise de la jeunesse symboliste, le mot de « tour d'ivoire ».

Etrange homme, mélange de petitesses et d'une si prodigieuse étendue d'esprit, souple et intraitable, qui se donne et se reprend et dans le même moment se montre mesquin et admirable. A la fin de cet épisode, où on l'a vu jouer un rôle si équivoque, ce qui domine encore, c'est une espèce de regret qui ressemble à l'admiration. Lamartine, qui l'avait aimé et qui eut à souffrir de lui, ne trouva rien de plus à lui répondre que cette plainte : « M. de Sainte-Beuve est un de ces hommes qui, en s'éloignant, emportent toujours un morceau du cœur : ils ne vous deviennent jamais étrangers, fussent-ils ennemis. »

Vigny n'eût pas été plus dur que Lamartine. — Pour nous, avant de condamner, nous devons réfléchir à quelle sensibilité excessive, à quelle faculté de souffrir se trouve liée chez un Vigny, chez un Sainte-Beuve, la puissance de l'imagination ou de l'intelligence. Et il ne reste enfin qu'à plaindre, en les admirant, ceux qu'un ancien poète appelait déjà « race irritable », *genus irritabile vatum*.

ACHEVÉ D'IMPRIMER
LE 22 JANVIER 1929
POUR
KRA, ÉDITEUR
6, RUE BLANCHE A PARIS
SUR LES PRESSES
DE
F. PAILLART A ABBEVILLE

www.ingramcontent.com/pod-product-compliance
Ingram Content Group UK Ltd.
Pitfield, Milton Keynes, MK11 3LW, UK
UKHW022025170726
13837UKWH00001B/413

9 782329 253251